親に壊された心の治し方

「育ちの傷」を癒やす方法がわかる本

藤木美奈子
一般社団法人ＷＡＮＡ関西代表理事

kokoro library

講談社

いつも不安でたまらない
人が苦手、怖いとさえ思う
すべて私が悪いから
いつもいつも頑張ってきたのに
ただ人生はつらいだけ
生きてていいのかとさえ思う
あなたはそんな思いに苦しんでいませんか
もしくは、そんな人々のケアに疲れていませんか

ひょっとするとその原因は
子ども時代に親につけられた心の傷
つまり、「育ちの傷」にあるのかもしれません

なぜ、幸せを選べない人がいるのか
どうしたらこの問題を解決できるのか
当事者でもある研究者が
具体的に書きました
あなたの「転機」になる本です

はじめに

子ども時代に生みの親から大事にされなかった、愛されなかったという思いを持ったまま育つと、子は「生まれてくるのではなかった」と考え、強い劣等意識を持ちます。それが対人関係をことごとく失敗させ、さまざまな問題行動へと駆り立てます。

その問題行動とは、たとえば自分自身も子どもを愛せず、虐待的な育て方をしてしまう、パートナーに対して暴力をふるう、もしくは自分に暴力をふるう相手を選んでしまう、あるいは人とうまくいかずに転退職や失業をくり返し、あげく精神的な病をかかえてひきこもるなどを意味します。つまり、家族や親からの影響がまさに「呪い」のようにつきまとい、いつまでたっても安定的な社会生活を送ることができない状態がつづくのです。

こうした不適切な養育によってもたらされた心の傷を、私は「育ちの傷」と呼んでいます。深く、容易には修復しがたい痕跡であり、時に人生の果てまで人を縛りつづけます。その傷の存在にいつまでも気づけず、自分を責めつづけることに疲れて自ら死を選ぶケースも少なくありません。

本書は、こうした「育ち」や「親」の呪縛から逃れたいと思う人、そして一刻も早くそこから解き放たれてほしいと願う支援者に向けて、新たな支援法を提示するために書きました。それが「SEP（Self-Esteem Program）」、認知行動的アプローチをベースにした短期の自尊感情回復プログラムです。

新たな、と言っても認知行動療法自体はすでに知られた精神・心理療法です。しかし、まだまだ医療や心理領域の枠内にとどまっており、誰でもどこでも気軽に受けられるようにはなっていません。自分との、そして他人との人間関係を取り戻すという挑戦には、受ける側にも支援する側にとっても、もっと参加しやすく、シンプルでわかりやすいプログラムが必要です。

なぜなら、家庭内でくり返される離婚、モラハラ（モラル・ハラスメント）やDV（ドメスティック・バイオレンス：親密な間柄に起きる暴力）、虐待、育児放棄（ネグレクト）などに見られる家族同士の関係性不全、不登校やひきこもり、非行や若年出産など、一見子ども自身の課題に見える問題、不労やホームレスなどの貧困や社会不適応、うつ病に代表される精神的な疾患、薬物や酒などへの物質依存、そして犯罪・殺人などの不法行為——つまり、この社会に起きるほとんどの問題や事件の根にはかならずと言っていいほど「育ちの傷」が潜んでいるからです。

実は著者自身、こうした「育ちの傷」に苦しみつづけた過去があります。10代の孤独な女性のもとに生まれ、不実な男性にすがることで生き延びようとする母の人生に巻き込まれ、心身ともに痛手を負った子どもとして育ちました。それはさまざまな暴力の被害経験を意味します。その傷は私自身の対人関係に深く根差し、やがて私は再び人に傷つけられる人生を選んでいました。人生になんの楽しみも喜びも見出せず、一刻も早くこの世から去りたい、そう願って青春をやり過ごしたのです。

あれから約30年——私はまだ生きています。現在は、「育ちの傷」に悩む人々の自立訓練所を運営しつつ、児童相談所や福祉施設、大学や大学院で心理を担当しています。「育ちの傷は克服できる」——これは自らの「育ちの傷」を克服できた私が本書に込めたメッセージです。

本書の概要は次の通りです。まず、「育ちの傷」に人生を翻弄された2人の女性をご紹介します。Nさんはいくら努力しても同じ過ちをくり返してしまう女性です。実はNさんの母親もかつて虐待に苦しんだ過去があり、そのためにNさんに対しても過酷な育児をしていました。その結果、Nさんは苦しみつづけ、成人後も暴力をふるう男性ばかり選んでしまいます。Aさんも同様に母親に振り回されて育ち、自らの感情を押し殺して母親のために尽くしてきた女性です。2人は育児に困難を感じて相談に来たことがきっかけで、自らの心の傷に直面し、そこから脱出するために格闘を始めます。

次に、虐待とは、そして何が「育ちの傷」となるのかについて述べます。現実の数字や統計から読み解き、そのうえで著者である私自身の立ち直りの過程を例に、「育ちの傷」が「認知（考え方）」や「行動（ソーシャルスキル）」など、人の生き方に深く関わるキーワードとどう強く連動するかについてお伝えしたいと思います。

では、一度「育ちの傷」を負ってしまった人はもう再生できないのでしょうか。いいえ、海外からは認知行動的アプローチを中心に、過去の負の記憶を上書きするさまざまな試みがすでに報告されています。これは本書でご紹介する「SEP（自尊感情回復プログラム）」の基礎理論です。SEPはわずか5回で構成されたプログラムですが、参加者の自尊感情を力強く押し上げ、その効果をその後も持続させることが証明されました。

つまり、「育ちの傷」は大人になってからでも回復させられるのです。その研究結果と、実際のグループ・プログラムの記録を本書で解説します。実際に使用しているワークも、書籍向けにアレンジして課題として掲載しましたので、プログラムの一端をぜひ〝疑似体験〟してみてください。回答例も巻末につけました。

生まれ育ちの過程で負った傷はどうしようもないとあきらめて生きる時代は終わり、世界中の実証研究による問題理解と解決方法が、今こそ開かれようとしています。

「どんな家に生まれようと、人は生まれ変われる」、そんな時代がもうそこまで来ています。本書がその手がかりのひとつになれば本望です。

第1章 親に人生を壊された人たち

第2章 何が「育ちの傷」を生み出すか

第3章

なぜ、うまく生きられないのか

第4章 生き方はかならず変えられる

第5章

壊れた心を再生する

装幀　モリサキデザイン
本文・図版作成　東海林かつこ（next door design）

第1章

親に人生を壊された人たち

DVに遭いつづけるNさん

まずはじめに、「育ちの傷」により数々の困難に見舞われ、人生を翻弄されつづけたNさんの話をしたいと思います。少し長くなりますが、彼女の生きざまは本書のテーマにとって典型的な事例と言えるでしょう。

私がNさんと初めてお会いしたのは、地方の講演先の控え室でした。主催者から、DV被害者の女性が会いたいとおっしゃっていると言われ、彼女は息子さんと一緒に現れました。ハキハキとものを言う、快活で素敵な女性でした。これまで暴力にさらされ、子どもと2人、この土地まで逃げてきたばかりの女性にはとても見えません。子どもも私に屈託なく話しかけてくれて、うまくやり直せているんだなと安心しました。

それ以来、何度か子どもさんとの写真を送ってくれたり、仕事についても様子を知らせてくれて、とても頑張りやさんという印象を受けました。ただ、その中にはいくつか転職や職場でのちょっとしたトラブル報告もあり、少し対人関係が苦手なのかな、とも感じていました。

その後、しばらく連絡が途絶えたと思っていたら、ある日、久々にメールが届きました。そこには彼女の身に起きた大きな変化が書かれていました。

実は、新たな男性との出会いがあり、半年前に再婚し、子どもと3人で暮らし始めた、ところがそれ以来、精神的にしんどい日々がつづいている、とあります。

私は直感的にとてもまずいことが起きているように思い、すぐに来所を勧めました。

再婚相手はまたもDV夫

久々に現れた彼女は相変わらず美しい容姿をしていました。再婚をしたせいか、以前よりも高価なものを身に着けているように感じました。しかし、その表情はかたいものでした。

互いに席につくと、彼女は子どもと夫との関係を中心に語り始めました。まだ30歳過ぎのNさんが再婚相手に選んだのは彼女よりも二回り歳上の男性でした。


小学生の息子が夫の顔色をつねにうかがっており、夫を怖れている。

宿題など勉強でうまくやれないことがあると、夫は「なんでだ！」と大声で息子を責めたてるので、精神的にとても不安定な状態になっている。

5年生にもなって夜尿があり、チックも始まった。

夫は、結婚前はいい人だと思っていたが、結婚したとたん激変した。よく私と他人を比較しては私を批判する。誰々はこうなのに、なんでお前はこうなんだ、なんでこれができない、あれができない、お前は嫁としてなってないと。

前夫とは違い、暴力はふるわないが、私が少しでも言い返そうものなら数十倍になって言い返され、物に当たるので怖い。

彼が変わるのは無理だと思う。私が変わるしかないが、毎日がとてもつらいので、子どもに八つ当たりしてしまう。先日は子どもを責めながら、「ひどい親でゴメンね」と泣いてしまった。そんな自分を見て子どもも泣いていた。

それ以来、しんどさを子どもに見せないようにしているが、自宅にいても頭がぼうっとして何をしたらいいかわからない、思考が働かない。つらいので、誰彼かまわずメールをしてしまう。夜も眠れない。

そこまで聞いて私は思わず、心の中で舌打ちをしました。「しまった」と。

結婚半年ですでに問題が山積み。明らかな心理的DV（モラル・ハラスメント）と、その影響による精神症状が母親であるＮさんはおろか、子どもにまで及んでいます。

彼女はこの前の結婚でも深刻なＤＶに遭っていたと聞いています。しかし、あんなに懸命に生活の再建に取り組んでいた彼女が、まさか再び同じ傾向を持つ男性と一緒になり、子どもまで追い詰められているとは。以前、彼女が送ってくれた写真の子どもの笑顔を思い出し、私の胸がギュッと痛むのを感じました。

これまで何度かメールのやりとりをしていたのに、なぜ気づいてあげられなかったのか、何もできなかったのかと私は自分を責めたくなりました。

しかし、こうしてはいられません。同様の問題行動をくり返すのは、彼女自身の根本的な課題が解決されていないからであることは明らかです。ならば今度こそ、彼女の課題に真正面から取り組もう――私はＮさんにそう説明をして、しばらく定期的に来所するよう勧めました。

すると、それを聞くなり、彼女の顔がサッと曇りました。

「それは、夫が喜ばないと思います」

険しい表情でそう答え、

「夫にどう説明すればいいですか？」

と、私を見上げます。

私は、彼女の息子がかなり心配な状況であることを説明しました。彼は過去にもＤＶから逃げるという厳しい経験をしている、このまま母親の精神状態が悪くなると、この子に及ぶ悪影響は計り知れない、と。

結果的には「わかりました」としぶしぶ承諾したものの、帰っていくその後ろ姿は大変弱々しく見えました。地方の講演先で見せてくれたイキイキとした彼女の姿はどこにもありません。

愛されなかった子ども時代

彼女とのセッションが始まりました。

ここに通うことを夫にどう説明したのと問うと、彼女はこんなふうに答えました。

「夫には、心理療法に通いたい、と正直に話したんです。すると彼は、『僕じゃダメなの？』『(心理療法に行くと聞いて) 君との距離を感じたよ』『(そんな治療行為は) 威圧的だ！』と、批判してかかりました。

でも、私の最近の様子がおかしいことに気づいていたみたいで、そのあとはあっさりと、『わかったよ。気をつけて行ってきて』と納得してくれたんです」

夫の了解が得られたことで見せた、ずいぶんホッとした表情。彼女と夫の関係性に漂う緊張感が伝わってきます。

その日はNさんの子ども時代の話を中心に聞きました。彼女は次のように語りました。


私、離島の出身なんで、働き者なんです。仕事はなんでもやってきました。たくさん勉強もして、経理の資格も持ってます。

子どもの頃ですか？　貧しかったですけどね。

親は、偉い人が大好きな人で、「道徳の教科書は正しい」「テレビに出ている人がそう言ってたんだから間違いない」「人は助けてあげましょう」と、よく言っていました。

でも、私の感情はすべて無視。私の気持ちを聞いてくれたことはないです。一方的に親の思いや考えをぶつけられることばかりでしたね。子どもの時から、親には相談とかしたことありません。何があっても頼らせてはもらえない人なので。

小さい時から、家事の一切をさせられていました。いくら頑張ってもほめられたり、お礼を言われたことは一度もありません。上手にできてないと、「お前は茶碗も洗えんのか?」と鬼のような顔でにらみつけられ、そのへんにある物で何度も殴りつけられるなんてしょっちゅうでした。

何かひと言でも言い訳をすると、親はそれこそお膳をひっくり返して、何時間でも体罰がつづくので、私は畳の上で、イモ虫みたいに背中を丸めて頭をかかえて嵐が過ぎるのをジッと待つしかなかったです。

だから、今でも大きな、ガシャン! というような、物が壊れる音を聞くと怖いです、「また殴られる」って、あの恐怖がよみがえってくるんです。

――そんな母親でしたけどね、実は、母親自身、自分の母親に捨てられた、って聞かされたことがあるんです。私がひどい目に遭わされた日、夜中にふと目を覚ますと、母が隣の部屋で泣いているのを見たことがあります。あの人も苦しかったのかもしれません。結局、私はそのあと児童養護施設で育ちました。

そんな生い立ちでしたから、私は、自分の考えなど口にしないほうがトクなのだと思い込んでました。だから、友だちとの関係がうまくいったことはないです。自分の感情は無視して、自分よりひどい状態にいる人を見つけては安心するというようなところがありました。

成人してからも、自分の考えは持ってませんでした。いつも人の価値観に沿って生きていて、とくに男性のいいなりになるところがありました。はじめに結婚した相手も、せがまれて一緒になったんですけど、暮らし始めるとものすごいＤＶが始まって。本当にひどい暴力でした。

「逃げたら殺す」

と言われてて——（左目を指差して）こっちの目は今でもあまりよく見えないんですよ。角膜っていうんですか？　傷ついて。でも、彼もやっぱりひどい親に育てられてたし、もう子どももいましたから、これくらい我慢しなくてはと思ってたんです。

でも、ある日、本当に「このまま死ぬかな」と思うくらいの暴力がつづいたことがありまして。その時、子どもが止めようとしてくれたんです。夫と私の間に入って。あの子、いくつくらいでしたか、まだ本当に小さかったのに。その時、初めて「逃げないと」と思ったんです。

夫が酔って眠り込んだスキに、リュックサックに身の回りのものを詰めて、子どもの手を引いて、逃げ出しました。月明かりがとってもきれいな晩でしてね。隣町の女性センターに駆け込んで、夫が追ってくると危ないからと、しばらく母子の施設にごやっかいになりました。家財道具とか何も持ってなかったですから。

それからは働きづめに働いて、勉強もして介護福祉士の資格をとって、介護ヘルパーをしてました。その頃に出会ったのが今の主人です。やさしかったんですけど、はじめは。結婚してから変わってしまいました。

夫は、私が嫁として至らない、と、いつも誰かと私を比べます。ひと言でも言い返すと倍になって返ってくるので、とにかく今は言い返さないようにしています。


Nさんは、両親に虐げられて育った子どもだったのです。

その日のセッションの終わりに、今、どんな気持ちですか、と感想を求めますと、ひとつ息を深く吐き出して、

「最近、子どもと笑って話をしたことがありません。いつも気持ちを抑え込んでいます。子どもにもそれ（気持ちを抑え込むこと）を強要しているような気がします。主人の気配を察知して、私のほうが夫よりも先に子どもを責めたりすることもあるんです」

語尾が震え出し、彼女はバッグに手を入れ、ハンカチを探りました。

「（再婚する前の）子どもとの暮らしは、わきあいあいとしたものでした。なのに最近

は、子どもとの会話を楽しめなくなっています。『私は親よ』と、親の権威をふりかざして、子どもに威圧的な態度をとるようになっているんです、私が、です」

うわずる声。疲労感に縁取られた瞳が私をとらえました。

「夫の影響かもしれません。夫と私は共通するところがたくさんあるんです」

彼女はそう言ってハンカチで目頭を押さえたかと思うと立ち上がり、手際よく身支度を整えて帰っていきました。

彼女はまたも自分に似た傷を持った人を引き寄せていました。そして、自分の子どもにも同じような傷を与えようとしていたのです。

「ダメな自分」という思い込み

次の回では、こうした課題に取り組むために、私はNさんの認知、つまり考え方や物事のとらえ方に焦点を当てることから始めました。不安を引き起こす考え方を一緒につきとめては分析して修正するという作業をくり返したのです。これは一般的に「認知療法」と呼ばれています。

認知療法とは、自分の「心のくせ」のパターンを知り、それを修正していくトレーニングを行うことによって、ものの見方を柔軟にしていくことを目標としています。これは本書のテーマなので、くわしくは第3章で書きますが、「認知」とは、その人が物事をどうとらえるか、その考え方を指します。

まず、彼女が選んだ課題は、「私はダメな母親と思われているに違いない」でした。

「実際に誰かにそう言われたことがあるの？」

そうたずねると、いいえ、と首を横にふります。彼女の思い込みでした。

もうひとつは、「自分は人に愛されない」という決めつけでした。

雑居ビルの一室で、Nさんと私の2人は、これまで彼女を苦しめてきた思い込みをせっせとシートに書きつづけました。そしてその都度、「なぜそう思うの？」とその根拠を求める質問をくり返しました。たいてい、これという根拠はありませんでした。

次第に、彼女の根本的な不安は、自分が親から見捨てられた経験から来るものだとわかり始めました。そしてそれは、「親ですら自分を見捨てたのだから、他人が自分を大事にしてくれるわけがない」という考え方にたどり着いていきました。

そう書かれたシートの文字を見つめながら、彼女はこんな話もしてくれました。

「いくつになっても、どんなに頑張っても、生きてることがつらくて、一度は薬に頼ろうとしたことがありました。でも、その時にお世話になった心療内科の先生が、『薬は早く切ったほうがいい』と言ってくれて。それが幸いして薬におぼれずに済んだんです」

そう言うと、大きな目から涙があふれ、震えた声でこうつづけました。

「ここに来ることが正しいのかどうかについても悩むことがあります。（自分が変わることが）すごく怖い。自分の心の傷が深いことはわかっていましたから」

その一方で、こうも語ってくれました。

「ここに来るようになってから、夫と会話ができるようになってきたんです」

何かが動き始めているようでした。

私は完璧でいないといけない

またある日、彼女はシートにこんな1行を書き込みました。「私は家庭を持つのにふさわしい人間ではない」。いつも一生懸命家事をこなす彼女にしては、少し意外な言葉でした。その理由をたずねると、「私は子どもの頃の家庭環境がよくないから」を一番に挙げ、そして次は、「いい夫婦関係を知らないから」、３つめに「夫は私を他人と比べて、すぐに『劣っている』と言うから」と書き込みました。

彼女のペンは毎回、とどまるところを知りませんでした。これまで誰にも打ち明けずに秘めてきた内面の葛藤を、何かにとりつかれたように文字にしつづけたのです。

「私は話し合いができない」「家事が完璧でないと叱られる」「専業主婦が出かけると、遊んでいると思われる」――彼女の心の奥底に巣食う自分自身への否定の言葉は尽きることがないように見えました。私たちは根気よく、それらをひとつずつ真剣に検証していきました。

ある時は、「私はいつも完璧でいないといけない」という認知を取り上げました。私が「いつ頃から?」と聞くと、彼女はこんな話をしてくれました。

「小学校の時、担任の先生から、『お前の父親はアル中だ』と言われたことがあるんです」

「え? そんな……」

驚く私の言葉に重ねるように彼女は矢継ぎ早に言いました。

「本当です。担任の先生は、『自分の弱点を克服しろ』とも言いました。夫も、『お前は劣っている』と言いますし、だから自分に、掃除ができないとダメ、料理ができないとダメ、と完璧を求めるのだと思います」

これでもかというほど、彼女の内面はネガティブな考え方で満たされていました。これまで書いた文字をすべてながめると、その迫力に圧倒されるほどでした。私たちはめげずに反証、つまりその認知に対抗する考えを書きつづけていきました。

世間からはみ出す恐怖

こうした作業をくり返すうちに、彼女の言葉に変化が現れてきました。次第に、今の家庭に対する自分の考え方が間違っているのではないかと口にするようになったのです。

「家族には、私のできることをすればいいのでは」

「これまでは、つねに何かをしなければ、とあせっていました」

そんなことをつぶやいたあと彼女は、大きな目を少し赤くして、

「妻として、嫁として、という考えを捨てようかな」

と、微笑んだのです。

ここに来てから初めての笑顔ではなかったでしょうか。

彼女が両親と過ごした子ども時代はあまりに強烈な体験の連続でした。Ｎさんがこの世に生を受けて以来、目の当たりにしてきたものは、子の成長を喜び合う男女の微笑みでは決してありませんでした。両親ともに親にも愛されず、出口のない苦しみをかかえて混乱

し、互いに傷つけ合う夫婦の姿だったのです。その刃は幼かったNさんにも容赦なく向けられました。

親が彼女に与えたものは、やさしさや慈しみ、知恵や勇気といった成長の糧ではなく、ささいな理由から際限なくくり返されるののしりや暴力など、怒りのはけぐちとしての役割でした。

そんな過酷な体験の連続の中で彼女を支配しつづけた思い、それは、「あのような親には死んでもなりたくない」「努力をしないと親のようになってしまう」という、恐怖心が生んだ強迫的な思い込みでした。

その結果、彼女は自分を守るために他人や社会の規範に沿って生きることを胸に刻み込んだのです。妻として嫁としての役割に自分をあてはめようともがき、さらには、愛する子どもにまでそうすることを強要し始めていた——。彼女の苦悩の背景と構造が徐々に明らかになりつつありました。

立ちはだかる「過去の自分」

セッションも終わりに近づいたある日、彼女は思いがけない試練に見舞われました。いつも几帳面な彼女が、約束の時間になっても現れません。連絡もありません。心配していると、数十分遅れてドアが開きました。彼女でした。

私の目は彼女の顔に釘づけになりました。いつもきれいにお化粧している彼女の容貌がその日はまったく違って見えたのです。むくみがひどく、動作も緩慢で明らかに体調不良を起こしています。

「どうしたの？」

あわてて椅子をすすめると、彼女はドサリと腰かけ、だるそうに口を開きました。

「前回のセッションから帰宅したあと、あまりに激しい疲労感に襲われて寝込んでしまって。今朝もまったく起きることができなくて……」

それなのによく来られましたね、と声をかけると、彼女は、

「どうしようかとぎりぎりまで迷ったんです。でも、このしんどさはただものではないように感じて、逆に『行かなければ』と、思って」

心理療法が進むにつれ、このような症状が現れる人はめずらしくありません。セッションの最中に強烈な眠気や激しい倦怠感に襲われたり、反対にソワソワと落ち着いて座っていられなくなる、実際に眠り込んでしまう、という人もいます。

こうした状況は「防衛」のひとつと考えられます。自分の中の何者かが変化を拒み、その抵抗が身体化して起きている異変といえるかもしれません。

Nさんは知らなかったでしょうが、数々の修羅場を生き抜いてきた人に備わっているある種の本質を見抜く目というべきか、動物的な勘が妨害を押し切って、彼女をここにたどり着かせたと思われました。

しかし、Nさんとは結局この日のセッションが最後になりました。それ以来、彼女は姿を見せず、今では便りが届くこともありません。その後、どうしているのかと思うことはありますが、まったく連絡がないところをみると、彼女はおそらく孤軍奮闘しているのだと思います。もしもまたつまずいたら、きっと会いに来てくれるような気がします。

「もう一度、お願いします」、と。

若者の自立を阻む親たち

つまずいた人が立ち直れない理由はひとつではありません。しかし、人生における質に明らかに差がついてしまう要因をひとつ挙げろと言われれば、それは親を含む「家庭環境」であると私は答えます。何らかのハンディがある人にも、それがあてはまることが少なくありません。次に2つのケースをご紹介します。

20代になったばかりの青年Iさんは、別の事業所からの紹介を受けて、当時、私が心理の仕事をしていた就労移行支援の現場にやって来ました。少し話してみても、素直で穏やか、応答も正確、これという問題は見られませんでした。

しかし、ケース記録の記載内容は、本人と結びつかず、意外な感じを受けました。早期から不登校、卒業後も短期間に事業所を転々としており、精神科医の確定診断は自閉傾向もある発達障害で、投薬もされています。そして「早期の就労は難しい」との所見。何か隠れた問題でもあるのだろうかと思っていると、まもなくそれが判明しました。

ある日の夕方、ご両親が2人揃って事業所にやって来たのです。Iさんがその事業所を利用してまだ2週間ほどの時期でした。そして職員の対応をあれこれ激しく非難しはじめました。あれが気に入らない、この対応がおかしい、うちの子のことを本当にわかっているのか、医者はこう言ってる、あんたに何がわかるんだ、と両親が口を揃え、激しい剣幕で怒鳴るのです。

通常、こうした場面では、夫婦の一方が興奮して声を荒らげ始めると、もうひとりは黙る、あるいはなだめる側にまわるものですが、この夫婦はそうではありませんでした。2

人揃ってわめき散らし、言いたいことだけを言い終わるとサッサと帰っていったのです。こちらとのコミュニケーションは一切とれていませんでした。

この両親とずっと一緒ではIさんはさぞつらいだろう、精神的にまいるのは当たり前ではないか、と思われました。彼がもともと在籍していた高校の担任の先生に連絡をとり、事情をうかがうと、

「もう来ましたか。そうなんです、あの親が問題なんですよ。卒業してからもいろいろありましてね。彼を親から放そうとあれこれやってみたんですが、うまくいかなくて……」

と、力なく話されます。

Iさんの両親はこの調子で、これまでいくつもの学校や事業所に不平不満を突き付けては息子の前に立ちはだかるので、その結果、本人がそこに通えなくなってしまう、という事態をくり返してきたのでした。そのたびにIさんは勉強も支援も人間関係も中断を余儀なくされ、ひきこもらざるを得なかったのです。医師にしても、さしたる問題もないのに「ひきこもる息子をどうにかしろ」と迫る親を前に、診断も投薬量も重症化させざるを得なかったのでしょう。この両親に、「治療が必要なのはあなたたちですよ」と言うことは誰もできなかったと想像できます。

Ｉさん自身は、長いひきこもりから来る自己理解と社会経験の不足は否めませんが、知的にはそれほど問題はないと思われ、1〜2年の職業訓練といくつかの体験実習を踏まえれば、障害者枠による企業への就職は十分可能と思われました。しかし、心理カウンセリングに親の許可が出なかったことから、そのうち事業所に姿を見せなくなりました。今はどこかの作業所にいると風のうわさに聞いています。

問題解決は「就労自立」

もうひとり、19歳になったばかりのＵさんという青年は、軽度の知的障害と発達障害があるとの紹介を受け、当事業所にやって来ました。大人しい印象ですが、長い前髪がだらりと下がり、表情がわかりにくく、他の訓練生を怖れたり避けたりする様子が見られました。心理テストを実施すると、自身への評価である自尊感情が非常に低く、自分を責める傾向と不安の強さが際立ちました。これでは仕事に就けても継続が困難と思われ、心理的支援を開始することにしました。

本人は、意外に心理療法に興味を示し、宿題にも意欲的に取り組む様子が見えました。そのため成果はすぐに表れ、明るい表情で訓練に励む姿が見られるとスタッフから報告を受けていました。ところが自宅に帰るとたびたび「困ったこと」が起きるらしく、落ち込んで通所する日も少なくありません。ひとたび落ち込むと回復にまた何日も要してしまう、そんな一進一退をくり返していました。

ある時、心理療法のセッション中、家で起きていることをUさんが話してくれました。彼の言う「困ったこと」とは、ひとり親である母親に交際相手がおり、その男性が毎日家にやって来ては、大人しいUさんに時々暴力をふるうというものでした。

「大変だ」

スタッフは色めき立ちました。

しかし、親と対立してしまうようなことになると事業所への通所を止められてしまうかもしれず、親に直接何かを言うことは心配でした。Uさんを暴力から守るためには早く就労自立をと、私たちはUさんの職業訓練と心理療法に精を出しました。

「何かあったら絶対に言ってくださいね」

「昨日はどうでしたか？」

悶々とした気持ちで、毎日声をかけました。その後、いろいろありましたが、Uさんは無事に大手スーパーに就職して、家を出ることができました。現在も元気に働いていると聞いています。

本人への支援には何も問題はありませんが、家族の問題は実に悩ましいものです。もしもUさんが外部とつながらず、何の支援も受けず、あのまま家にとどまりつづけていたらどうなっていたでしょうか。母親の交際相手の暴力に耐えながら、自分への嫌悪感をひたすら強めて精神状態が悪化する、あるいはその男性と早晩対立し、大きなトラブルに発展した可能性や、Uさんが行くあてなく放浪に出るという形であの家から離れたかもしれません。その場合、身を寄せる親類もなく、軽度とはいえ知能と発達に障害がある彼が自力でどこかに仕事を得ることができたでしょうか。答えはNOです。残念ながらその可能性は極めて低いと言わざるを得ません。当時、19歳は児童相談所に保護を望めない年齢、そこで見えてくるものは、ホームレス化の可能性でした。

「育ちの傷」と社会的障害

これらの事例を振り返ってみると、Nさんがくり返しDVに遭ったことや、Iさんの行く手を阻み、彼を家にひきこもらせたもの、そしてUさんを対人不安と対人恐怖に陥れていたものは何かと考えると、決してその人自身の問題や、障害そのものの有無や程度ではないことがわかります。原因は本人ではなく、むしろ家族の存在とその影響です。

このように生育環境、つまり生まれ育った環境で、親や身近な人から傷つけられた体験とその痛みを指して、ここでは「育ちの傷」と呼びたいと思います。こうした「育ちの傷」など、人から何らかのダメージを受けて自立が立ち行かなくなる要因を、「社会的障害」と考えることもできるでしょう。

「育ちの傷」をつくりだすのは身体的な暴力や育児放棄（ネグレクト）のような明らかな虐待だけに限りません。一見して正しい家庭で正しい育児が行われているかのように見えるケースであっても、子ども本人にとってそれが相当に苦痛であり、そうした親の関わり方が原因となって成人してから社会生活や対人関係につまずく状態などはこれに該当します。子どもへの過保護や過干渉、支配、夫婦仲が悪く、つねに子が親の慰め役、愚痴の聞き役、といったケースも同様です。社会の軌道になかなか乗れない、普通の対人関係がつくれない人にはこうした「育ちの傷」の問題があると見るべきだと私は思います。

このような拭いがたい過去の記憶による生きづらさや精神的な問題をあえて児童虐待の被害者と表現しないのは、虐待という言葉には加害側も被害当事者にも受け入れがたさがあるように感じるためです。いくらこちらが「虐待だ」と指摘したところで、家族も本人もなかなか首をたてにふらないのであれば、正しい心理学的用語ではありませんが、わかりやすさとおぼえやすさ、受け入れやすさを優先してこのような表現を用いたいと思います。

理解されない困難

「育ちの傷」、社会的障害者という考え方はなかなか共感を得られにくい概念であると思います。まだ若い、見た目に問題なさそう、何が問題であなたはいつまでも自立ができないの？　なんで仕事をしようとしないの？　なぜ仕事が続かないの？　なぜすぐに人ともめたり、トラブルを起こすの？　そんな疑問を持たれたら最後、その次に待っているのは蔑《さげす》みのまなざしです。「怠け者」「ぐうたら」「根性なし」、というように。

私が大学院生の時、役所の福祉課に、当時、私が更生施設で実践していた社会復帰プログラム（当時そう呼んでいた）の説明に出向いたことがあります。こうした野宿を経験した人たちも、多くは「育ちの傷」をかかえているものなのですが、そこの担当者は私のひと通りの説明を聞くとこう言ったのです。

「大変立派な取り組みをされていることはわかりました。しかし、これに公的な資金をという話になると、それはちょっと難しいでしょうね。要するに、ゴミに余分な金をかけることを市民が認めるかという話です――わかりやすく言えばね」

「ゴミ」、それを聞いて私は少なからずショックを受けました。成人しているのに自立できず、福祉施設に入所している人たちのことをこう考える人々がいるのか、と。

役人や一般市民だけでなく、こうした福祉施設で働いている職員の中にも、自分が支援している人たちに違和感を感じている人は少なくありません。

更生施設のベテラン職員Dさん（女性）は、ある日ささいなことでひとりの入所男性と口論になりました。その直後、彼女は事務室に入るなり、興奮気味にこう言い放ったのです。

「何をえらそうに、理屈こねて。エエ歳した大の男が、結局は毎日仕事もせんと遊んでるだけ。私は女やし、こんな歳やけど、毎日遅くまで働いて、歳のいった両親のめんどう見てるんや！」

ふだんは所内を明るく切り回していたDさんの、思わず口をついて出た本音（？）に、私は返す言葉もありませんでした。

それだけではありません。実は、施設に入所している本人たちも、互いに差別し合っていることはめずらしくないのです。私が更生施設で個別に聞き取りをしていた時、そこの利用者の中にはあからさまに他の利用者に、名指しで侮蔑的な言葉を投げつける人がいました。

「あいつな、あの野宿な、あれは骨の髄までホームレスや。相手にしたらあかん」

自分自身も経済的に困窮したからここに来たはずなのに、容赦ない攻撃をするものだとあきれましたが、差別や偏見を受ける者同士が傷つけ合う構図は昔からありました。社会的障害者は、実は自分自身が最も自分の存在を受け入れられていないのです。

その理由は明確です。自分がいつまでたっても立ち直れないのはなぜなのか、その原因がわからないからです。何もかも失くしたうえに、さまざまな機会を与えてもらってもそのたびに逃避したり、トラブルを起こしたりして挫折や失敗をくり返し、結局何十年も対人関係が安定しない。何もかもうまくいかないのはなぜなのか、その理由が自分自身にもわからない、だから「生まれつきダメな人間。自分が悪いから」と、個人の資質のせいにするしかないのです。

このように、当事者も支援者もどこに原因があるのか、長期にわたって不明な状態がつづくのが社会的障害の特徴と言えます。そこからの脱却は決して簡単ではないどころか、まず本人自身の気づきすらなかなか得にくい、非常に重いケースと言えます。

Aさんもそんな女性のひとりでした。

なぜかうまくいかない結婚生活

Aさんと最初に出会ったのは、ある更生施設の中でした。福祉を勉強中の学生で、彼女は実習生としてここに出入りをしていました。独身。サラサラのロングヘア、透き通るような白い肌に切れ長の瞳、パッと人目を引く容姿の持ち主でした。私が利用者にグループ・プログラムをしている教室にやって来ては、部屋の後ろのほうの席でいつも熱心にノートをとっていました。

時々、帰りに一緒になることがありました。いつも微笑みながら話してくれるAさんでしたが、私ははじめから「いろいろ事情がありそうな人だな」という印象を持っていました。顔は笑っているのに瞳がちっとも笑っていません。むしろ表情に乏しい感じがしました。質問にはソツなく答えてくれるのですが、薄いベールの向こうにいるような、人を寄せ付けない雰囲気がちょっと気になって、彼女のことはよくおぼえていました。

数年後、彼女から突然、連絡がありました。

「おぼえていますか？　Ａです。お久しぶりです」

そう始まったメールの内容には、「あれから結婚した」「初めての子どもを産んだばかりだが、夫といるのがつらい」、そんなことが書かれていました。

これまでの様子を聞くと、結婚した頃に突然呼吸が苦しくなる過呼吸症候群のような発作が何度か出た、心療内科に行くと、パニック障害（動悸や呼吸困難、吐き気やめまい、冷や汗、ふるえなどの発作が何の前触れもなく突然起こる病気）と言われ、今は薬を飲んでいるとのこと。

「何度も家を出たが、また戻った」「夫に言いたいことが言えない、自分を抑え込んでしまう」と苦しい胸のうちをつづっています。そこからは電話で話しました。

ＤＶかと私は身構えましたが、どうやらそうでもないようです。夫の様子については少し怖がっている様子もうかがえましたが、具体的に聞いても「私の行動に制限をかけてくる」「怒鳴られたことがある」と、通常の夫婦間のもめ事の範疇のようにしか思えない程度の答えしか返ってきません。

しかし、話が夫婦それぞれの家庭の背景に及ぶと、私は認識を変えざるを得なくなりました。２人とも「両親間にＤＶがあった」、そしてお互いの父親が「酒におぼれて家庭を捨てた人だった」という共通点があったのです。さらに、彼女はポツリとこう言いました。「お互いに依存しあっています」

お互いに依存しあっている関係を「共依存」と呼ぶことがあります。これは依存症のひとつで、特定の人間関係に依存し、自己の存在意義は相手に認められることと考え、過剰な献身をくり返すなどの行為が見られます。DVを受けている女性が、相手に怒りを持つことができず、「自分のせい。自分が至らないから」と暴力に耐え、いつまでもその関係を解消しないなどの状況におちいるのも、こうした共依存によるものであることが多いのです。暴力を、互いにふるう側とふるわれる側として成立させている依存関係と言えます。

そこで私は、「Aさん、子どもも小さいしね、あせる必要はないから、離婚についてはカウンセリングを進めながら判断していきましょうか」、と提案しました。

虐待なんて思いたくない

彼女はそれから私のもとを定期的に訪れるようになりました。

「私は、ずっと両親間のDVを見て育ってきました」

彼女は生育家庭で起きたことをとつとつと語ります。小学生の時、家の中がガラスでめちゃくちゃになって。外を逃げ回ったことがあります」

「よく、幼い兄弟と部屋の隅に固まっていました。

酒に酔い、暴れまわる父親と、壊れる家財。恐怖で凍りつく子どもたち――想像するだけで胸がしめつけられるような恐怖の場面を、彼女は抑揚のない声で語り続けます。

それから、自分に自信がないこと、人前でうまく感情を出せないことや人との距離を取り過ぎてしまう、人を気遣い過ぎる、相手の気持ちを深読みしてしまう、でも嫌われたくないと強く思うことなど、かかえている対人関係の悩みについても話してくれました。

「なぜそう考えるのでしょうね」

そう言葉をかけると、彼女は顔を上げ、私の目を見つめてこう言いました。

「私は、人より劣っているんです。だから、ずっと人の価値観に沿うように生きてきたんです」

福祉の勉強をしていることもあって淡々と自己分析を述べます。その一方で、

「でも、それを人に知られたくないです」

と、唇を引き締めます。

私は、そうした考え方は問題のある家庭に育ったための後遺症であること、不適切な養育や虐待を受けるなどの環境で育つとそうした傾向を示すものですよ、と説明すると、彼女は困惑したような表情をして黙り込みました。やがて硬い表情で重い口を開くと、

「——虐待とはなかなか思い切れません。でも、そんな自分にも、とまどいがあります」

そう言い残してその日は帰っていきました。

無視と否定の子ども時代

次回から心理療法として認知療法を始めました。彼女の「自虐的で悲観的な物事のとらえ方」を短期間で修正するためです。

予測はしていましたが、回を重ねるうちに、彼女の強い思い込みの存在が次々と明らかになってきました。そのひとつが、

「私の言うことなんて、わかってもらえないはずだ」

という決めつけでした。

これまで彼女が夫に対して、「言いたいことが言えない、自分を抑え込んでしまう」と考えていたのは、これが原因と考えられました。育ってきた家庭で、彼女の主張はいつも

ＮＯと否定されていたために、言いたいことが言えなくなってしまっていたのです。子どもながらに何かを訴えようと頑張っても、どこまでも受け止めてもらえない自分の思い。否定されるたびに傷つき、失望し、もがき苦しんできた自分。もうこれ以上否定されたくない、という思いが、今の彼女を寡黙にさせていると考えられました。

こうしたマイナスの行動につながる考え方を「認知の歪み」と言います。これも本書のキーワードです。

認知の歪みは「かたよった考え方」であり、誰にもあるものですが、ネガティブで非合理的な思考がその人の日常生活の多くを占めてしまっている場合、本人も気づかずに自分の生活全般を悲観的にとらえ、行動が制限されたり不快な気分やイライラ、無意識の緊張感に悩まされるなどの悪影響を受けます。そこで私は、専用のワークシートを使って学習を進めることにしました。「私の言うことなんて、わかってもらえないはずだ」という彼女の言葉を記入し、指で示してその根拠をたずねます。

「なぜ、そう思うのか、その理由をここに書いてもらえますか？」

その時、彼女はハッとしたような顔をしたかと思うとしばらくジッとシートに見入っていました。やがてゆっくりとペンをとり、こう書き込み始めました。

「私の言うことは自分勝手だと言われたから」
「親も祖父母も、誰も私に関心がないから」
「私は我慢しなくてはいけないから」

彼女の認知の歪みを書いてはその都度、根拠を記入していく、こうした作業をくり返し、整理した結果、私たちは彼女を縛っていた共通の思いにたどり着きました。それは、「私は、すべての人にわかってもらわなければいけない」という、信念とも呼べるような強い思い込みでした。人から見れば根拠のない考え方にしか思えないかもしれませんが、本人はこれまでずっとこの信念にとらわれ、苦しみつづけてきたのです。

しかし、現実にはすべての人に自分の考えを理解してもらうことはできません。「(自分を)ちゃんとわかってほしい」「でも、それは無理」、こうした葛藤がつねに彼女を圧倒し、その結果、無力感をどんどん深めていく、そのくり返しだったと推察できます。

自分の不安を打ち消す練習

この他にも彼女は、たくさんの歪みのある考え方を持っていました。
「自分は無能だと思われているに違いない」

これは自身を被害的にしやすい認知です。相手に悪意がなくても、一方的にそのように受け止めては落ち込んでしまうので、いろいろなトラブルのもとになります。

どうしてそう思うのかについて考えてもらうと、

「自分は今までわがままばかり言ってきたから」

「今まで嫌になるとすぐ投げ出してきたから」

「（世の中は）人の揚げ足をとる人ばかりだから」

「私は頭が悪いから」


などの理由を書き込みました。

そこでまた、それらをひとつずつ否定していく作業に入りました。すると、

「過去は過去。今は違う」

「わがままではなく、『自己主張』なんだ」

「やれるだけのことはやってきた。投げ出したことがすべてではない」

「はたして本当にそうなのか、決めつけてはいないか」

「私は私、勝手に言わせておけばいい」

「私は私でいい。学歴がないから頭が悪いわけではない。私にもいいところはたくさんあ

る」

など、不安を打ち消す考え方をたくさん書き込むことができました。さらにはこれまでの自分の思考をこうも分析できました。

「過去にばかりとらわれていた。悪い面だけを見て、よいことは見ないようにしていた」

そしてその結果、本人が導いた新しい自分へのメッセージは、「私は無能なんかじゃない。いろんな可能性がある」というものでした。

これは今まで特定の考えに強くとらわれていた彼女の思考が練習を重ねることで、徐々に柔軟になってきたことを示しています。当初はなかなか前に進まなかった修正作業もずいぶん進歩したものです。

一方、「人に受け入れてもらえない」という認知を取り上げた時、彼女はこんなことを語りました。

「私は学歴があれば自分に自信が持てると思っていたんです。自分に自信がないので、誰かに、何かに依存しようとしていました。『自分はこのままでいい』と思えるようになれば、人に振り回されなくなると思います」

こうして彼女は気づきを深めていきました。

わが子という依存対象

心理療法を進める一方で、私は彼女に、共依存状態にあった夫との離婚話にはストップをかけていました。すでに子どもがいるので、できれば離婚を避けられないかという思いがあったのは事実ですが、それだけでなく、精神的に混乱している時に重要な判断をするとミスやトラブルを起こしやすくなります。彼女が少しでも落ち着いて、子どもと自分、そして夫の3人にとって最良の道を考えることができるようになるまで大事な結論を出すのは待ってほしいと考えていたのです。

しかし、その頃の彼女は、重要な局面がやって来ても、混乱する前にこちらに連絡を入れ、意見を求め、相談して整理してから判断することができるようになっていました。以前の彼女は相談が苦手で、行動を起こしてから問題をすでに大きくしてしまってから伝えてくることが多かったのです。報告はしてくれるのですが、そのたびに、「なぜ先に相談してくれなかったの」と何度ため息をついたかわかりません。

この「相談できない」という彼女の癖は、生育過程の影響であろうとは理解していましたが、離婚後、彼女と子どもが2人で生活していくうえで、とても心配な傾向でした。そこが改善されれば、何かがあっても周囲に支援を求めることができるので、安全に子どもを育てられます。その意味で、この点が改善されつつあることは私にとって大きな安心材料となりました。

また、夫との関係においても少しずつ整理がついてきていました。はじめ「怖い」としか表現しなかった夫に対して、こんな思いを語ったのです。

「彼はいつも『オレがいるから』と言ってくれたんです。その言葉に引き込まれてしまったんでしょうね。結局、（私は）甘えるところがほしかったんだと思います。その甘えがエスカレートしてしまって……」

この言葉も私を少し安堵させました。なぜなら、共依存になってしまった原因がわからなければ、今後の防止策のないまま、また同じことをくり返す危険性があるからです。そしてこう続けました。

「お互いに監視しあっている状態でした。相手が出かけると不安になっていたんです。こんな関係はおかしいと思っていました。彼とは、私に認知の歪みがなかったら、つきあうこともなかったと思います」

つい最近まで、自分の生育過程に問題があることを認めることさえできなかった彼女とは思えないほど自分自身の分析と理解が進んでいました。しかし、そのあと彼女はこんな言葉を言ったのです。

「でも、もう夫は必要ありません。私には子どもがいるから」

私はハッとしました。これは見過ごせない言葉です。夫と離れるという決意ができたことは、一見、依存が解決したように見えますが、これでは依存する対象が夫から子どもに移行しただけ。結局、誰かを支えにしなければ生きられない構図は変わっていないのでは？

しかし、その日は最終日。経済的なこともあり、延長は困難でした。これで彼女がいままで積み重ねてきた課題をすべてクリアにできたとはもちろん思っていませんでしたが、彼女の本当の精神的自立はこれから。まだまだたくさんの時間がかかるのだ——そう思い直して私とのセッションはここでいったん置くことにしました。あとは彼女の聡明さと底力を信じて見守りたいと思います。

ひとりで生きていた独身時代には無視できた、Ａさんの「育ちの傷」。しかし、結婚、そして出産という大きな山を越えるプロセスで初めて本当の自分、すなわち傷だらけの過去を直視する機会がやって来たのです。そこで彼女が選んだのは子どもと２人で生きるという道でしたが、これから先はその中でたくさんの学びをすることになるでしょう。

この先、彼女が生きていくために最低限必要なことだけは伝えることができたと思います。あとはお子さんの成長につれて彼女の課題が再び明白になり、2人の間に葛藤が生じてくれば、それは次の課題に取り組むべき時がやって来たということ。その時きちんとSOSが届けばいつでも受け入れたいと思います。

あれから毎年、お正月にはAさんから1枚の年賀状が届きます。成長した子どもの写真をながめては2人の安否確認をしている私です。

生きてるだけでへとへと

ここまで、子連れ離婚をくり返すお母さん、障害者として訓練所に通う若者たち、働けずにバッシングを受ける男性、依存体質からなかなか生活が安定しない女性と、さまざまに苦労している人々を取り上げました。

彼らの共通項は、いずれも困難な子ども時代を送った人々だということ。成長過程で刷り込まれた否定的な考え方やネガティブな自己イメージに縛られ、とにかく毎日がつらい、なんとかしたいという気持ちはあってもどうしていいのかわからない、生きるだけでへとへとになって気力が失せてしまう。生きていることすら申し訳ない、生まれてこのかた一瞬たりとも平和な気持ちで暮らせたことがない、そのために過ちをくり返して負のループに入り込む――こうした生きづらさに日々苦しんでいる人たちなのです。それはすべて「育ちの傷」がもたらす影響です。

そんな彼らが、生い立ちへの絶望と深い孤独、すぐに破滅を選びたがる激しい感情をコントロールして社会適応をはかっていくことが、どれほど過酷で困難な道であるかを知らない人は多いのではないでしょうか。

どうか皆さんにこの問題、すなわち「育ちの傷」という社会的障害は、児童虐待という形で最もたやすく社会の基盤を揺るがしつづけるという事実をしっかりと認識してほしいと強く願っています。そこで次章では、虐待を中心に「育ちの傷」の原因について解説します。

第2章

何が「育ちの傷」を生み出すか

子がいても親になれない大人たち

世の中に、子育てほど幅広くてさまざまなやり方が世間から黙認されているものはないと思います。成熟した親は子の誕生と成長を心から喜び、丁寧に処世術を手ほどきしつつ、友人に接するようにジョークを連発して子どもを楽しませます。ある親は過剰なほどの期待をかけ、この世のあらゆる競争にわが子が打ち勝てるよう叱咤するかもしれません。一方、「お前なんか産むんじゃなかった」と、子どもを邪魔者扱いする親もいます。自分の子に愛情や手間を注ぐことを当然と思える人もいれば、それを負担に感じる人もいるのが現実です。いったい何が「しつけ」で、何が「虐待」なのか、そしてその表現も、「不適切な養育」「子ども虐待」「虐待的子育て」「マルトリートメント」などいろいろあるため、講演先ではよく「虐待の定義」を聞かれることがあります。

そんな時、私は、「人の能力を最も伸ばすのは『良好な人間関係の中で安心して育つこと』です。したがって、それに該当しない子育てはどんな呼び方をしようとすべて虐待です」と答えています。

経済的な状態も影響がないわけではありませんが、何よりも重要なものは「親自身の精神的安定」です。なぜなら子育ては、その人の信念や、その人自身が受けてきた養育の記憶、そしてその時々の心理状態が強く反映されるものだからです。人は、残念ながら子どもを持ちさえすれば親になれるわけではないのです。

家族に傷つけられる人の割合

まだ自分の力で生きていけない子どもの立場でさまざまな暴力にさらされることほど過酷な状況はありません。自分で自分を守る力も知恵も十分でなく、相手が自分を保護する立場にある家族であるがゆえに逃げ出ることも、外に訴えることもできない、さらにはほとんどが家庭という密室の中で起きるために周囲もなかなか手が出せないなど、支援の困難が幾重にも積み上がる子どもに対する虐待。とりかえしのつかない結果となって初めて周囲の知るところとなる場合も少なくありません。

国内の状況としては、全国２０８ヵ所の児童相談所が児童虐待相談として対応した件数は10万３２６０件、過去最多を更新しています（平成27年度速報値）。さらに虐待により命を落とした子どもは71人（このうち心中は27人）に上っています（平成26年度。ともに厚生労働省発表）。

18歳未満の児童人口1949万4093人（平成27年）に対して、虐待を受けた子どもの割合は約0・5％です。「たったの0・5％？」と思われる方もいるかもしれませんが、この数字は児童相談所の取り扱い件数にすぎません。先ほども述べた通り虐待は密室で繰り広げられることが大半ですから、実際の数字はもっと多いと考えられます。

世界的な虐待発生件数と比較してみましょう。WHO（世界保健機関）は「全世界における子ども虐待の発生件数は未知数」と報告しています。米国の予備的な調査では調査対象者のおよそ「13％に、それまでの1年間に何らかの虐待にあたる経験」があり、身体的虐待は通告受理件数の40倍、性的虐待は15倍の潜在的な発生がうかがわれるという報告をしています。

この数字を先ほどの日本の児童人口にあてはめてみた場合、対象全体の13％は約280万人となり、日本国内の子どもの10人に1・3人が何らかの虐待状況に置かれている可能性があると考えることもできます。内閣府が公表したDVの調査結果によれば、女性の3～4人に1人が配偶者からの被害を経験し、約10人に1人は何度も暴力を受けています。子どもも同じような状況にあるとみるべきなのかもしれません。

虐待の主たる加害者は実母が52・4％、ついで実父34・5％、そして実父以外の父、とつづく状況に大きな変化はありませんが、これについては母親が養育にあたっているケースが多いためと、母親自身も暴力に遭っており、そのしんどさが子どもに向けられている可能性が指摘されています。

通報は増えているのか

ところで、よく「虐待は増えているのでしょうか」と聞かれます。マスメディアの報道により児童虐待という言葉は世間の知るところとなり、相談件数や認知件数が飛躍的に増加したことは事実です。また、通報件数については、大阪市西区の2児置き去り事件のような衝撃的な報道があると、そこから情報を得た人や敏感になった人々の通報が増えることもあるでしょう。

昔はどうだったかについては、かつては統計すらなかったため比較は難しいと言えます。経済的事情や社会通念も今と違っており、米国で最初に児童虐待防止に取り組んだのは、動物愛護団体だったなどの驚くような話があります。日本国内でも「間引き」や「姥《うば》捨て山」など、産児制限や老人遺棄が行われていたという説もあります。

その一方で、近年の国内における精神科の受診率の高さや職場でのうつ病の発症率などを見ると、人々のストレス耐性やコミュニケーション能力などの「生きる力」が弱まっている側面は否めません。そこへ育児という婚姻に伴う自然の営みが積み重なると、現代社会に生きる若い親たちにとっては思いがけない負担や困難となってしまう現実があることも反論できない事実です。

ただ、それぞれの時代背景に違いがあるとはいえ、まっ先に暴力にさらされるのはつねに社会的に弱い立場にいる者であること、それだけは変わりません。児童虐待の最大の要因は、家庭の中の最たる弱者が子どもだから、とも言えます。

どんな家庭で起きるのか

では、児童虐待を起こす家庭にはどのような背景があるのでしょうか。

子どもに有害な影響を与えてしまうほどの子育てのひずみ（虐待）は、先に掲げたＤＶの例と同様に、いくつもの要因が複層的に重なることで起こります。

虐待が起きる家庭のおもな特徴として次の５つが挙げられます（％は東京都調査、複数回答）。

（１）周囲から孤立している

家族が親族、近隣等から孤立し（23・６％）、困った時に助けてくれる人がいない。人への不信感から助けを求めず孤立している。

（２）家庭が何らかのストレスにさらされている

経済的困窮（30・８％）、夫婦の不和（20・４％）、夫婦間での暴力（ＤＶ）、家族の病気などのストレスにさらされ、家庭生活が危機に瀕している。ひとり親家庭（31・８％）や、強いストレスの中で弱者である子どもをスケープゴート（いけにえ）にする、など。

（３）親が子育てをうまくできない

親が統合失調症やうつ病などの精神疾患（10・１％）、アルコール依存（４・０％）、神経症（７・０％）、軽度発達障害、知的障害（２・４％）である。または、若年などの問題で子育ての能力が不足している場合。

（４）親自身が虐待的環境で育っている

子育ての方法がわからず、自分がされたように子育てをしてしまう。これまでのいくつかの調査では、虐待を受けたことがある親が子どもを虐待する確率は20～30％と推測される。

（5）育てにくい子どもがいる

子どもが知的な遅れ（8・6％）や発達障害（ＡＤＨＤ〈注意欠如・多動症〉、自閉症、アスペルガー症候群等）や慢性疾患を有していたり、低出生体重児（2・0％）であるため、育てにくく手のかかる場合や、母親と子どもが離れる（母子分離）経験（4・5％）などがあり愛着関係がつきにくい場合など。

（1）～（3）については、子育てを含めた対人関係力や問題解決能力の低さがみられ、生育家庭の影響を受けている可能性もあると考えられます。

（4）は、親自身に明らかな「育ちの傷」があるケースで、これについては第3章で改めてふれたいと思います。もちろん、虐待を受けた親すべてが子どもを虐待するとは限りませんが、確率から見れば、その発生率は決して低くありません。

（5）は、子ども自身に何らかの育てにくさがある場合ですが、この状況に加えて親自身に「育ちの傷」がある場合、虐待が深刻化する可能性が非常に高まります。

また、これまでの臨床経験、支援経験から、私はここにもうひとつのリスクをつけ加えたいと思います。それは、「（6）親が特定の考え方に強くとらわれている」家庭です。これは貧富にかかわらず、親や家族が特定の宗教や教え、思想、信念に執着しているために、バランスを崩して偏向している状態で、特別な教えや考え方を家族に強制している場合をいいます。親自身の「成功体験」もそのひとつです。

強制される「正しさ」

道徳や倫理、規範、信仰の多くは社会や家庭の平和や秩序を守り、人々の精神の健康を保つためにも必要なものと考えられています。しかし、親が強制力をもって家族をそれに従わせたり、罰則を伴って子どもに無理強いする場合に問題が起きてきます。

たとえば、父親が特定の宗教組織の長や幹部の職にあり、家族全員が奉仕を強いられるような環境にある場合です。アルコール依存症などで社会適応できない親もさまざまな問題を起こしますが、こうした一見、規律正しく模範的な家庭の中にも問題は起きるのです。

この場合、家に出入りする信者や会員は父親の支配下にありますから、父親の言うことには誰も逆らえない状況が常態化します。すると、一般的には「普通でない」ルールや、その家族独特の約束事がまかり通ることになり、家族の誰かが行事に参加しない、手伝わないなどの「勝手」は認められず、ましてや親の望むレールに子が乗らないなどは決して許されません。進学や就職はまず親の意向が最優先されます。すると、それに従えない家族は異端視され、反逆者として排除され始めます。時には周囲からの攻撃の的にされ、抑うつ状態となり、精神的な病を発症し、社会適応がうまく行かなくなるのです。

この「特定の考え方」の中には、「成功した親の考え方」も含まれます。この場合、親が社会で高いポジションを占めていることが多く、裕福でもあるために、母親が父親の信奉者であるか奴隷になっているケースが見られます。すると、一家のあり方に異を唱え、子どもを守れる存在はおらず、子どもは無理やりその家庭に適応しようとして挫折感を強めていきます。

一方、こうした家庭に起こりがちなのが「きょうだい間の比較」です。勉強がよくできる兄弟や姉妹などを引き合いに出し、「できない子」をこきおろします。親の思い通りにならない子を発奮させることが狙いなのかもしれませんが、この方法はたいてい無残な結果に終わります。私のところにやって来るケースで、親から兄弟同士で優劣をつけられたことに深く傷ついている人は少なくありません。大人しい、礼儀正しい真面目な子どもであることがほとんどで、「自罰的」つまり、自分が悪いのだと思って苦しんでいます。親の考え方に従えない自分に問題があるのだと思い込み、自分を責めつづけて無力化したのです。

以前、出会ったある父親は弁護士でしたが、ひとり息子の学校の成績を上げるために竹刀をふりかざす猛烈なスパルタ教育を行ってきました。結局、息子は精神を病み、30歳を超えた今なお自立困難な状態です。現在、父親は深く反省し、自宅で息子の世話をしています。

こうした理不尽に業を煮やした子が、親に刃物を向けてでも自分の正当性を主張したり、外で暴れる、非行に走るなどの行動に出た時、皮肉なことにそれが問題の突破口になることもあります。しかし、深い無力感から学校や職場に行けなくなり、「うつ病」の診断をいただいて薬に頼るコースをたどり始めたら最後、40代、50代になっても立ち直れません。高齢の母親が遠慮がちにひとりで相談に見えるケースです。

このように、一見「子どものため」「しつけ」「教育」と見まごうばかりの親の強権ぶりも、ひとりの人間の将来を生育家庭が阻んだという面では立派な虐待であり、「育ちの傷」になります。親であるという立場を利用して、ひとりの人間を「ある特定の考え方」にはめ込もうとすることは、さまざまなリスクを背負うことでもあるのです。それが親からは「どんなに良いこと」に思えても、です。

親として、伝えるべきことは伝えるという姿勢は大切ですが、その方法の検討、つまり「どう伝えるか」、そして長期的な視点、すなわち「待つ」心の余裕が必要です。もちろん子どもによってはたまたま親の望む軌道に乗ってくれる子もいるでしょう。しかし、この社会はひとつの価値観でできているわけではありません。親とは違う目的を持ってこの世に生まれている子どももいますし、成長の速度には個人差がありますから、別の道を拓いておくことも大切です。

いずれのケースも、いかに早い時期に公正中立な第三者や、書物やインターネットによって的を射た情報と出会えるかが、打開のきっかけとなります。しかし、その第三者もこうした問題をかかえた家族との対決を迫られたり、家族から激しい攻撃を受けるなどして二次被害に見舞われることがあります。

そんな時、家族内に巣食う「強烈な思い込み」と対峙し、勝利することは並大抵のことではありません。巻き込まれる側にも覚悟が必要です。私はかつてある虐待のケースに介入した際、両親から数時間にわたって罵声を浴びたことがあります。その後、強い倦怠感に襲われ、動悸や息切れがつづくなど、軽いＰＴＳＤ（心的外傷後ストレス障害）の症状を経験しました。客観的な助言を逆恨みしての脅迫文書や電話、メール、ファックスを大量に送りつけられるなどもめずらしくありません。「人さらい」となじられるなど、矢面に立たされることが多い児童相談所などの職員の苦労は計り知れず、児童保護の現場は虐待する親との「戦争」とも言われています。

しかし、背景にある要因が何であれ、親のある種のとらわれ、精神的な未熟さによって、虐待的な子育てがくり返されれば、それが子ども自身の「育ちの傷」となり、双方の将来にさまざまな影を落とします。やがて成長した子どもが、今度は親のみならず社会に対して危害を加え、重大な犯罪を起こす事態を招きかねません。虐待問題は子どもの視点で語られることが圧倒的に多いのですが、少しでも早い介入が望まれるのは親の身のため、社会の治安のためとも言えるのです。

どんな虐待があるのか

では、子どもへの虐待と呼ばれる行為にはどんなものがあるのでしょうか。厚生労働省などの定義をもとにまとめてみましょう。

（1）心理的虐待

無視、拒否的な態度、罵声を浴びせる、言葉によるおどかし、脅迫、きょうだい間での極端な差別的扱い、配偶者間のＤＶを見せるなど。

（2）身体的暴力

殴る、蹴るなどの暴力、タバコの火などを押しつける、逆さづりにする、冬に戸外に長時間しめだす、など。

（3）ネグレクト（養育の放棄又は怠慢）

適切な衣食住の世話をせず放置する、病気なのに医師にみせない、乳幼児を家に残したまま度々外出する、乳幼児を車の中に放置する、家に閉じ込める（学校等に登校させない）、保護者以外の同居人による虐待を保護者が放置する、など。

（4）性的暴力

性的行為の強要、性器や性交を見せる、ポルノグラフィーの被写体などにする。

かつては身体的虐待が最多でしたが、現在は心理的虐待が上回っています。年齢別の割合では、この5年間では心理的虐待やネグレクトは低年齢児に多く、年齢が上がるにつれて身体的虐待や性的虐待が増える傾向があります。

ネグレクトを別とすると、これらの行為の内容はパートナーへのＤＶや高齢者虐待とも多く重なります。中でも、私は性的虐待の被害の深刻さを強調したいと思います。男女の別なく被害者になる可能性があり、それによって生涯被るダメージの大きさは、筆舌に尽くし難いものがあるからです。

家族による性的虐待

近年、「性暴力の被害者です」とレイプ（強姦）などによる性被害をカミングアウトする人を見かけるようになりました。近親者からの性的虐待を公的にカミングアウトしようという人は依然として増えませんが、「私は解離性障害です」と言う方は多くなってきているように思います。これはつらい体験を自分から切り離そうとするために起こる防衛反応のひとつと考えられています。いくつもの人格が現れることから「多重人格障害」と呼ばれることもあり、９割以上が性的虐待によるものと言われています。批判を怖れずに言えば、「普通に生きること」が難しくなり、被害を受けたまま放置すると、数十年間、あるいは一生苦しみつづけることになるのが性的虐待です。

海外でも、犯罪や薬物依存などさまざまな問題行動の背景に子ども時代の性的虐待の存在を挙げる研究は少なくありません。米国では、刑務所や少年院の入所者には性的虐待の被害者が一定数いることをかなり早くから指摘しつづけています。

私がとくに問題としたいのは、これほどの悪影響を与える子どもへの性的虐待に対して、肝心の親がほとんど無知、無自覚であることです。これでは被害者の心の傷も深まりかねません。私がこれまで接した性被害を受けた人たちの加害者は、父母、きょうだい、親戚、とさまざまでしたが、親に被害を打ち明けた時、「嘘をつくな」「交通事故だと思って忘れなさい」「二度と口にしてはだめ」などと口止めされたと肩を落としていました。信じまいとする親を呼んで「あなたの子どもに何が起きたか」を説明したこともありますし、十数年前の当時、親には話せなかった被害者が成人してから親に伝える場面に立ち会ったこともあります。

加害者が父親である場合、母親が夫側の盾になってその娘を敵視し、冷遇しはじめるなど、救いようのないケースもあります。この場合、娘は家を飛び出すしかありません。ある女性は、小学生の頃から父親から性的虐待を受け、他府県から逃げてきました。私が10年にわたってかくまい、今ではよき夫と子どもたちに恵まれ、幸せをつかんでいます。本人の希望で、何度か実家との間に立って仲裁をしようとしましたが、どこまでも父親をかばいつづける母親の態度に心底怒りと悲しみをおぼえたケースでした。

また、加害者が兄である場合、親にとっては双方が子どもですから、対応はより複雑になります。否認したくなる親の気持ちはわからないではありません。しかし、こうした事態を招いた要因の多くは、その家族の構造と関係性にあると考えられます。加害者である兄もその家庭の抑圧から「育ちの傷」を負っており、自分を救済するために性的虐待という「他者攻撃」に及んだ可能性があるのです。

性風俗系の仕事に従事している人の中には性被害体験をかかえている人が少なくないことはすでに知られるところですが、両親のうち一方にでもこうした性的虐待という問題に対する知識があれば救われたであろう子どもは少なくありません。

世間の、近親による性的虐待の被害の実態と原因を知ろうとしない傾向は依然として根強いと感じます。しかし、性的虐待が起きる家庭にはどこかに家族間の不具合があるとみるべきなのです。臭いものに蓋をして、何もなかったことにするのではなく、家庭のあり方を問う機会ととらえて、向き合ってほしいと切に願います。

被害者本人に伝えたいのは、もしも家族がその事実を受け入れなくても、その真実をたったひとりの他人にでも打ち明けて、信じてもらう体験が大切だということです。どのような状況であったにせよ、その原因はその家族の在りかたにあるのであって、被害者が自分を責める必要はどこにもありません。性的虐待の事実を親に打ち明けられない人、受け止めてもらえなかった人をこれ以上増やさないためにも、家族による性的虐待に対するさらなる理解と啓発が必要と思います。

脳が虐待で萎縮する

近年、注目が高まりつつあり、かつ私自身もその被害の大きさを現場で実感しているものに、「面前ＤＶ」があります。これは子どもが両親の間に起きているＤＶの目撃者となることで、「ＤＶ目撃」と表現される場合もあります。

夫婦間に暴力がある場合、子ども自身も暴力を受ける確率は6〜7割と高いのですが、子ども自身が暴力を受けていない場合でも、両親間のＤＶを子どもが見るだけで直接的に暴力を受けたと同じ影響を受けることがすでにわかっています。つまり、両親間のＤＶを見せることも児童虐待と言えます。次の記事をご紹介します。（２０１３年5月2日、共同通信）

【ＤＶ目撃で子どもの脳萎縮　心の病との関連指摘】

両親間の暴力や暴言を吐く場面などドメスティックバイオレンス（ＤＶ）を日常的に目撃した子どもは、目で見たものを認識する脳の「視覚野」の一部が萎縮する傾向があるという研究成果を、福井大子どものこころの発達研究センターの友田明美教授らがまとめ、2日までに米オンライン科学誌に発表した。

ＤＶの目撃が成長後も心の病といった形で影響を与えると心理学などで指摘されている。友田教授は「ＤＶを見た嫌な記憶を何度も思い出すことで脳の神経伝達物質に異変が起き、脳の容積や神経活動が変化してさまざまな精神症状を引き起こすのではないか」と推測している。

最近では「虐待で『脳が傷つく』衝撃データ　２割近い萎縮も」というタイトルの記事も配信され、「暴言」や面前ＤＶによる「目撃」だけでも一部が萎縮したり拡大するなどの変化が脳に生じることが知られるようになりました。子どもにとって、どこよりも安心して過ごせるはずの家庭で、しかも、誰よりも信頼しすべてを委ねるべき存在である両親の間に暴力が介在する――本人にとってこれ以上、深刻で悲しい現実は他にないことから、そのメカニズムについて研究者は、「過酷な体験に適応するよう、それぞれをつかさどる脳の部位が過敏に変化している」と分析しています。

面前DVの計り知れない影響

面前DVによって「育ちの傷」を負った方の支援をしていると、ご自身がDVを受けた方よりも回復が難しいのではないかと感じることが少なくありません。その心理的側面の重篤さと複雑性は一般社会の想像をはるかに超えています。面前DVの被害者を前に、いったいどうしたらこの人が回復の道をたどり始められるのかと、途方に暮れたことがある支援者は多いのではないでしょうか。

私が出会った若者Kさんもそのひとりです。彼は一度就職したものの、思うように話せなかったり、人とぶつかることが多くうまく行きませんでした。そのうち人を怖れはじめ、私のもとで心理支援を受け始めました。しかし、いつまでたっても改善が見られません。「おかしいな」と思ったら、ご両親の間にDVがあることをやっと話してくれました。それとなくご両親と話す機会をつくり、お子さんの状況を伝えると、父親がこう打ち明けてくれました。

「実は、自分の母親がとても厳しい人でした。小さな頃から失敗を許してくれる人ではなく、何をしても責められることばかりで……。だから、妻が何かミスをすると許せない、思うようにいかないことがあると怒りばかりが先に立って……」

その後、父親の心理支援もスタートすることができ、Ｋさんは軽快しつつあります。しかし、もしＫさんがそのまま大人になり、結婚して子どもを持っていたら、暴力をふるう側になるかふるわれる側になっていたかもしれません。

「育ちの傷」を抱える人は、自分が受けた養育の在り様を、自分の代でまた再現する傾向があります。子育てでよく言われることですが、人は自分がされてきたようにしか子育てできないのです。

このように、家庭内のトラブルが子どもの心におよぼす影響をよく知らない親は少なくありません。夫婦の不和や対立、そして離婚、それに伴う突然の転居と混乱がつづく中、親は子どもに対して次第に感情的な態度を隠さなくなります。たとえば、母親が子どもの前で取り乱して泣く（ドラマを見てポロリと涙を流すのではなく、混乱してワーワー泣き叫ぶなど）、家庭で起きている問題を（子どもが小さいからわからないだろうと）子どもの前で誰かに（あるいは電話で）、延々と話しつづける、などです。

子どもは不安でいっぱいのまなざしを向けますが、生活再建に追われて必死の親はなかなかそれに気づけません。その結果、親子ともに不眠や抑うつ症状に悩まされ、親子で精神科を受診、といったケースもあります。こうして知らず知らずのうちに、子どもの胸の内で深く静かに再生産されていくのが「育ちの傷」なのです。

こうした親の混乱した態度やふるまいには、子どもへの精神的な依存もあるように思います。子どもを自分の所有物として、親離れを許さず子どもがいくつになってもつきまとう、自分の感情のケアを子どもに求めるなどがそれにあたります。支配を含め、虐待はこうした親から子への「甘え」の精神構造の中で起こることとも言えます。

結婚は依然として、若者のあこがれのひとつですが、一方で、家族間の傷つけ合いが多くの若者の将来を危機にさらしている——認めたくはないことですが、私たちはこの事実を受け入れなければなりません。

第3章

なぜ、うまく生きられないのか

やっと見つけた回復プログラム

「育ちの傷」を受けた人がなぜ自分はこうなのか、何をどうすればいいのかとずっと悩みつづけるのは当然だと思います。いくら努力しても消えない不安、緊張、自信のなさ、それに伴う対人関係の困難……家族との関係性から生じた負の体験に伴って形成される記憶は、非常に強固で鮮明なものです。脳裏に深く刻まれ、簡単に消えてなくなるものではありません。

私が現在実施している、自尊感情を回復させるためのプログラムである「SEP（Self-Esteem Program：自尊感情回復プログラム）」には全国から家族の暴力、あるいは不適切な養育で傷ついたサバイバーが参加しています。中には片道6時間かけて来られる方もおられます。それだけ切実なのだと思います。

ふだんは社会でまったくソツなく行動している人も少なくありません。ある女性は、自分のご両親との間に葛藤をかかえつづけて生きてこられ、やっとこのプログラムを見つけた、と安堵のため息をつかれました。見た目は大変穏やかで服装やヘアスタイルのセンスもよく、他人への配慮もしっかりとできる素敵な女性です。

ところが、心理テストの結果は、見た目とのギャップにこちらが愕然とするほど多くの課題があることを示していました。本当に長い期間、家庭にも自分の心の中にも平和がなく、苦しんでこられたのでしょう。２０１４年８月に私が出演したＮＨＫの番組「ＤＶにさらされる子どもたち～見過ごされてきた〝面前ＤＶ〟の被害～」を見てこのプログラムを知り、すぐに連絡をしたと話してくれました。プログラムにはいろいろな年齢、立場の方が参加されますが、

「なぜかこの場所に来る道中から涙が出てくるんです」

と、この女性はとりわけ泣き虫さんでした。長年背負ってきた心の重荷をやっと下ろせる時が来たという安心感からかもしれません。

自分の心がわからない

一方、「育ちの傷」の持ち主には、大人になってからも自分や他人の気持ちがよくわからず、一風変わったふるまいをする人がいます。臨床の場で、「今、どんな気持ちですか？」とたずねると、とたんに困った顔をしてじっと考え込んでしまわれたりします。鈍感なのではなく、むしろとても傷つきやすい方なのに、その時々の自分の感情の把握にと

ても時間がかかるのです。子どもの頃から自分の気持ちを無視されつづけ、「どう思う？」と気持ちを聞かれたり、「心」について教わるといった経験が乏しい人に見られる傾向です。セッションが終わったあとで、あるいはずいぶん時間が経ってから、

「こういう気持ちだったと思うんですが……」

と連絡をしてこられる。これでは日常生活がずいぶん不自由だったはずです。会話がうまくかみ合わない方もおられます。

一度凍結させてしまった感情はすぐにはもとに戻りません。ある意味の「育て直し」とも言える解凍作業が必要です。こんな場合、まず自分の感情に気づく、感情をとらえる練習から始めることになります。しかし、いざその作業を始める段になると、自分が変わることへの不安や恐怖が強まり、突然、来所しなくなるなど、これまでと同じ状況に居つづけることを選ぶ方もいます。

自分の考えや気持ちがあやふやなために、人に利用されたり、依存させられてしまうケースもあります。相手が危険な人物だと知っていながらも離れられない、何度もそこに戻ってはまた散々な目に遭う、そんなことのくり返しです。相手によっては、そこから危険な商売や関係性にはまり、抜けられなくなる人もいます。

人ではなく、アルコールや薬物などの物質に依存する場合もあります。子どもは児童相談所に保護され、児童養護施設に入所することになる例です。

こんなことをくり返す本人に、周囲は「なぜ？」と首をかしげるばかり。どうしていつまでも問題のある生活から脱しようとしないのか、いつまでも変わろうとしないのは本人のせいではないか、と厳しい意見を投げつける人もいます。本人の心の中ではいったい何が起きているのでしょうか。

慣れ親しんだ「苦しみ」

たとえ周囲からは不幸に見えても、人は慣れ親しんだものをたやすく手放すことができません。慣れ親しんだもの、その中には「考え方」も含まれます。心の傷の回復のためには、自分の状態を直視し、事実を知ることが必要ですが、それは現実的には大変難しいことです。なぜなら、人の心は、つねに緊張にさらされたり、不安を不安として表現することを許されない状況で育つと、次第に考え方を歪めてでもその環境に順応しようとするものだからです。

思い込みや決めつけは、子どもであろうと大人であろうと程度の差はあれ誰にでも見られるものです。しかし、長い年月の間に、内面で無意識に形づくられていくものであるため、歪みが大きくなっていても、本人には「自分には強い思い込みがある」という自覚が持てません。このため現実に直面できず、事実を正しくとらえられないといった状況が生まれます。

第2章でも述べましたが、加害がおもに家庭の中でくり返される場合、被害者でさえ、異常なことも「これが当たり前だ」と思い込むことがあります。相手が家族という養育や経済的な後ろ盾である場合、被害者はひとりでは生きていけないと考えるため、それらの行為や状態を否認しにくく、怒りの感情を持ちにくくなるのです。

「誰にも言うな」と、脅迫的な家族の掟（ルール）をくり返し叩きこまれる「家族による呪縛」は一般的には想像できないくらいに強固なものです。その人の生きづらさが過去の家庭環境から生起することが明らかであっても、本人は原因が家族にあることに気づかない、気づけない、気づいても自ら抜け出そうとしない、たとえそう指摘されても認めない、ということが起こります。自分の親や身内を憎むことができないのは、「親に感謝しろ」と強く思わされていたり、長年一緒に暮らしてきたことによって培われた情があるからかもしれません。そのために、自らの生き難さの要因を「自分のせいだ、自分が悪いからだ」と考えるようになります。

こうして形成された「歪み」が、幼少時や児童期を経て成人になってからも、さまざまな課題や問題を生み出しつづけ、人生における重要な判断を次々と誤らせます。すべてを社会や周囲のせいにして、他人を攻撃するような人も問題ですが、「私が至らなかったから」「自分がちゃんとできなかったから」と自分を責め過ぎる人も多くの問題をはらんでいます。具体的に理解していただくために、私自身を事例として説明します。

私の生い立ち

私が児童虐待・ＤＶの被害体験を単行本として出版したのは２００１年。現在は『傷つけ合う家族』（講談社文庫）と改題しましたが、その中に詳しく記した私の生育過程を大きく２つに分け、時系列的に書き出すと次のようになります。

藤木美奈子の生育歴

児童期　出生

大阪市西成区のアパートの一室で出生。無学歴だったシングルマザーの母は当時10代で、その両親もすでに他界していたため、祖父母、実父の顔を知らずに育つ。

0〜6歳

母は水商売で家計を支えていたため生活は不安定で、仕事を求めて全国を転々とする。弟が生まれたがしばらく親戚に預けられていた。

7歳〜

義父の連れ子と弟を合わせた5人での同居が始まる。義父は働かず、借金をくり返す。お金がもとで夫婦の間に争いが絶えず、面前DVの日々。生計がひっ迫するにつれ住まいを転々とする。

10歳〜

線路沿いの風呂のない二間のアパートで5人が暮らす。自身が小4の時、母が睡眠薬を一瓶飲み、ガス管をくわえて自殺をはかる。脳の後遺症により失語。義父からの性暴力を含む児童虐待が始まる。不眠がつづき、家出をくり返す。小学校の担任に打ち明けるがとりあってもらえず。

13歳
家庭で自分の身を守る必要を感じ、空手教室に通い始める。そこでのちに夫となる先輩Tに出会う。

成人期

18歳〜
地方公務員だったTと高校卒業後すぐに結婚。アルコール依存でもあったTから日常的にDVを受け、救急搬送と避難的入院を体験する。自身は当時国家公務員（刑務官）だったが、精神症状が出て職場・自宅を問わず摂食障害をくり返し、その後退職。

26歳
ある日、突然失踪する。実家に身を寄せ、山で日雇いの伐採作業をして収入を得る。夫の追跡を逃れつつ、離婚届を役所へ出し、再度逃走して離婚成立。その後、就労するが長続きせず、職業訓練校へ入学。勉学と資格取得に励む日々。

27歳
大阪市立大学（二部）に入学。仕事との両立ができず3ヵ月で中退。

その後、職場での対人関係に悩み、「自己流性格改造トレーニング」を開始（後述）。その頃、2番目の夫Yと職場で出会う。

29歳

Yと再婚（出産）、2児をもうける。会社設立、NPOを立ち上げ、社会活動に入る（その後NPO法人、のち一般社団法人となり2015年で20年経過）。

44歳

大学を卒業していなかったため、受験資格を得て、大阪市立大学大学院に合格。入学の後、心理学領域の論文で博士号を取得。

52歳

京都の龍谷大学にて准教授として勤務するかたわら、障害者の就労支援の現場で心理臨床に携わる。

55歳

一般社団法人代表理事として、障害福祉サービス（自立訓練・生活訓練）を立ち上げ、困難をかかえる人々にSEP（自尊感情回復プログララム）を提供する。兼任講師として、関西大学臨床心理専門職大学院で指導、大阪市こども相談センターで心理カウンセラー（外部）を務める。

これはひとつのケースに過ぎませんが、少なくとも前半部分（26歳くらいまで）は、若いシングルマザーとその子どもの生活史としてよくある困難ケースであり、生い立ちなどの環境と、その後の混乱状況との負の因果関係がはっきりと表れています。

こうして、学歴も身内にも恵まれていないひとり親の子として生まれれば、例にもれず経済的な問題と不安定な生活がついてまわります。母親は、工事現場の飯炊き、水商売や風俗店勤務といった、学歴・保証人不要のお定まりの都市雑業を這いずり回るようにして生きてきました。

やがてそんな生活に疲れ、男性に頼ることで現状を打破しようと試みます。母子だけの所帯に男を招き入れ、同居を始めるのです。しかし、そのことで家庭はかえって混乱し、借金、ＤＶ、虐待など、家族同士が争い、傷つけ合う生活に突入したのでした。

自尊感情とは

子どもの立場でいえば、母親の巻き添えになるしかありません。母の身を案じつつも学力は低下、突然現れた義父によって虐待的養育の憂き目に遭います。そんな時、出口の見えない苦しさや寂しさを、万引きや非行で晴らそうとする子もいるでしょう。

こうした家庭で育った子どもも、成長するにつれ、徐々に他人と自分の違いを自覚し始めます。対人関係が苦手で、仕事でミスやトラブルを起こすたび過度に自分を責めたり、他人を恨んだりしてなかなか立ち直ることができない自分に気づくのです。

次第に被害的な、鬱的な症状におちいり、あとは、負のスパイラル。もがけばもがくほど外出できなくなり、ある日を境にひきこもる、または酒や薬物に逃げ込む……。

このように、子ども時代に自分の生みの親から大事にされなかった、愛されなかったという思いを持ったまま育つと、「自分は生まれてくるのではなかった」という考えを胸に強く刻み込むことになります。これが強い劣等意識となり、「自分は人より劣っている」「自分には価値がない」と自分自身を卑下し、さまざまな問題行動を引き起こしはじめます。

こうした自分への評価感情を「自尊感情」と呼びます。これは人が心身ともに健康でいるための基盤となる感情であり、すべての原動力と呼ぶべき重要な感情といえます。これを損なうと人や自分を受容できず、攻撃的になったり、逆に無気力になってしまうなど、社会生活に大きな支障が出ます。

自尊感情は親との関わりの中で育まれますが、虐待という形で親からの有形無形の否定的なメッセージを受け続けた子どもは、自分を良くない存在と認識して、自己の内面に「Bad Self（悪い自己）」という「スティグマ（烙印）」を押し、それを胸の奥に内在化させます。つまり、「自分はダメな存在」という思いを子ども心に焼きつけたまま育ちます。すると、そのBad Selfがやがては強迫行動やさまざまな依存症となって暴れ出し、自身を傷つけ、自分や周囲を苦しめつづけるのだとする研究があります。

自尊感情が低い人の苦しみは非常に深いものです。人と違った言動や考え方をするため、周囲から理解されにくいことから、同じく自尊感情の低い相手と強く引き寄せ合うという傾向があります。しかし、そこに待っているのはいわゆる「コントロール劇」で、どちらが相手を支配し優位に立つか争ったり、あるいは支配したい側と支配される側の共依存の関係性が始まり、ますます暗澹《あんたん》とした生活に落ちていきます。子どもが生まれれば、いよいよかつて自分が過ごした家庭の再現の始まり。責任のなすりつけ合いと感情の爆発が家庭を占拠し、子が虐待死するケースもあります。

「育ちの傷」を負い、もともと精神的に不安定な男女が、経済的な問題や家事育児に伴う負担を2人で上手に分かち合って乗り越えていく、これは相当ハードルが高いことなのです。

ターニングポイント

不安定な生育過程を経た私自身、見事に支配欲と暴力志向の強い、「問題ある男」を夫に選んでしまいました。なぜ、と何度も何度も自問自答しました。苦労した子ども時代に別れを告げたいのならば、なぜ自分を幸福にするような結婚を選ばなかったのかと。そこが世間から見ればよくわからない点であり、誤解や偏見につながってしまうところだと思います。ひと言で表すならば、「育ちの傷」に引きずられ、自分にとって馴染みのある環境を選んでしまった結果と言えるでしょう。

では、このように生育歴に起因して歪められた自尊感情は二度と回復させることはできないのでしょうか。いえ、そうではありません。自尊感情は理論的な方法に基づいて、くり返し手順を踏むことでよみがえらせることができます。そして、いったん回復したら二度と低下させることなく生きていくことは可能です。

私の生育歴をもう一度ご覧ください。ある地点をターニングポイントとして流れが大きく変わり、そこからはこれまでとはまったく違う人生を歩むことができています。「27歳『自己流性格改造トレーニング』を開始」のところあたりでしょうか。

いったい、どのような力がそこに働いて、私は自尊感情を取り返し、負の連鎖から正の連鎖へと人生の流れを転換できたのでしょうか。私を投げやりにし、対人関係を混乱させていたBad Selfはいつどこへ、どのように消え去ったのでしょう？

自己流性格改造トレーニング

今から10年ほど前のことです。私の人生のベクトルが大きく舵を切った出来事がありました。

その日は母子生活支援施設の研究大会で、大学院で学び始めていた私は当事者として自分の体験を話すよう依頼されました。そこで私は自分を変えるきっかけとなった「自己流性格改造トレーニング」について話したのです。その内容は次のようなものでした。

今日はパネリストにお呼びいただき、ありがとうございます。私は児童虐待とDVの被害体験者です。今日は研修会ということで、とくに立ち直りに至る過程についてお話ししたいと思います。

問題の多い家庭に育ち、親から愛情をかけられた記憶に乏しい人は、人間関係でいろいろつまずくことが多いと思います。問題のある相手に惹かれたり、早婚、若年出産などもそうだと思います。私の場合も、恋愛の経験も少ない高校生の頃に、11歳年上の男性から求婚され、望まれるままに卒業後すぐ結婚しました。実家を早く出たいという気持ちと、自分を必要としてくれている人がいることがうれしかったのだと思います。

結婚してから、相手にはアルコール依存傾向があり、DV加害者であることがわかりました。しかし、私は生育環境が悪かったために、自尊感情がとても低く、DVは私に問題があるからだと思い込み、耐えつづけていました。やがて、摂食障害に苦しみはじめ、国家公務員の職も失いました。

その後、着の身着のままで衝動的に家から逃げ出したのですが、彼の追跡とストーカー行為がひどく、一時は家に戻ったほうがマシかとも本気で考えました。その後、彼が急死したことで、私は26年間にわたる家族暴力の歴史から解放されたのでした。

人間関係が続かない

これでやっと安心して眠れると思っていたところ、本当に深刻な問題が始まったのはそのあとでした。私は、思いがけない「感情の嵐」に見舞われはじめたのです。

日常生活の中で、私は誰に対しても不信感を募らせ、イラ立ちを隠せない日々が続きました。スーパーマーケットのレジ、役場や銀行や郵便局の窓口など、あらゆる公共の場で、少しでも自分の思い通りに行かないことがあるとすぐにケンカ腰になり、相手を激しく攻撃し、口論やトラブルに発展するという状況です。

職場でも同じでした。ささいなこと、たとえば「コピー機に紙が入っていない」と誰かが口にしたのを聞いただけで私は、「私のせいじゃない！」と大声を上げるなど、他人への不信感を深め、周囲との軋轢《あつれき》を招いてはクビになり、転職をくり返しました。そんな調子ですから友人も恋人も次々と去っていきます。

こうしてどの人間関係もつづかず、孤独を深めていきました。やっと家族による暴力から解放されたと思ったら、その後に私を待ち受けていたのは、社会的な孤立だったたのです。その状況に絶望し、生きる意味を自問自答する日々が続きました。

図書館の中をさまよい歩き、答えを探して、いろいろな本に救いを求めたところ、人の心理や児童虐待について書かれた本に出会いました。自分が受けていたのは虐待的子育てだったと、この時初めてわかりました。

虐待を受けていた子どもは、いつまでも不安感にさらされ、力が出せないのだと知り、自分が人や社会とうまくつきあえない理由が理解できるようになったのです。

私には、ＤＶによる自殺未遂の後遺症が残る母がいました。彼女をひとり残して逝くわけにはいかない、私も生きるしかない、ならば、この自分をどうにかして社会に適応させるしかないのでは――そう考えるようになりました。

そこから私は、自分の課題について真剣に考え始めました。こんな自分でも、少しでもマシな人生がおくれるよう、自分で自分の問題に対する攻略法を編み出そうとしたのです。

不安と緊張が強く、何事にも敏感過ぎるがゆえに、傷つけられまいとして攻撃的になってしまう。その一方で劣等感が強く、人を怖れるあまり自分の気持ちを思うように表現できない、そのために人から誤解を受けてしまう自分。こんな私がどうすれば人とうまくやっていけるようになるのか。

たくさんの本を読んだ結果、「準備」と「実行」のくり返しによる「訓練」「反復練習」しかないと思うようになりました。

私はまず、「人とトラブルを起こさないようになること」を目標にしました。日々の生活場面における対人関係を良好にするため、自分の行動を意図的に修正することを企てたのです。それはまさに自己流の「性格改造トレーニング」と呼ぶにふさわしいものでした。予想される状況や葛藤に対して、あらかじめ模範解答や解決方法を用意しておくという作戦です。

当時の私は、自分の感情、とりわけ自分の欲求についてよく把握できませんでした。これは子どもの頃から自分の気持ちを強く抑圧しつづけてきたためですが、とても不便なものでした。

たとえば、お腹がすいて食堂に入ったとします。そこで出されたメニューを見ても、何が食べたいのか、何を注文していいのか、なかなか決めることができません。大変時間がかかるのです。隣で店員さんが立って待っている。早く決めないと。どうしよう、あせる。

なぜいつまでも決められないのか、その背景には、激しく葛藤する両極の考えがあったからです。私には価値がない。だから値段の安いものはいいが、高価なものは食べてはいけない、だから、つねにメニューの一番下しか見てはいけない、と。しかし、そこに食べたいものがない場合、混乱してどうしたらいいのか、わけがわからなくなるのです。

悶々としたせめぎ合いの時間を経て、やっと気持ちに折り合いをつけて注文する品を決めメニューから顔を上げると、たいてい店員さんはいなくなっていました。

服を買おうとお店に入った時も同じでした。いつも店頭のワゴンや、山積みになったものの中からしか服を選べません。でもそこにほしいものが見つけられないと、またどうしたらいいかわからず途方にくれました。そんな時に店員さんに声をかけられると逃げるようにして店を立ち去る、そんなことをくり返していました。他の若い女性たちがなぜあんなに楽しそうに買い物ができるのかわかりませんでした。買い物はとても苦痛でした。

一方、職場の人間関係も苦労の連続でした。カラオケに行こうと同僚に誘われると「断ったら嫌われるのでは」と考え、のこのこついていっては楽しめず、誘ってくれた相手を恨んだりしていたのです。

このように、通常ならなんでもない暮らしの場面が、私には難行苦行でした。普通の人なら自然に学び、身につけているべき人間関係の技術が私には備わっておらず、そのために日常生活は疲労困憊の毎日だったのです。

自分の台本を書く

そこで、こんな自分をどうにかするために、台本をつくろうと考えたのです。一日のうちで、他人と関わる場面をあらかじめ想定し、そこで自分がとるべき行動や言うべき言葉を細かに書き出したリストを作成しました。それを常時携帯しておき、選択を迫られる場面ではかならずその指示に従うようにしました。

そして同時に、そうした行動が出やすくなるように、自分を安心させる「おまじない」の言葉かけをするようにしたのです。

食べるものを注文する時、不安がこみ上げると、「大丈夫、働いているんだから、少しくらい高いものを注文しても大丈夫」と自分に言い聞かせ、一番安いものではなく、自分が食べたいものを注文するよう自分を励ましました。

服を買う時も、ワゴンの横を通り過ぎ、思い切って吊るしてある服にさわってみたり、手にとって鏡の前で自分に合わせてみたりしました。時には店員さんに「何を買ったらいいかわからないのですが」とこわごわ声をかけて協力を求め、一緒に考えてもらうようにしました。

職場で同僚に遊びに誘われたら、あわてて思いつきの言葉を口に出す前に、「ちょっと待っててね」と一度トイレに身を隠し、個室で落ち着いて考える時間を持ちました。自分が本当に行きたいのか行きたくないのかをじっくりと考え、行きたくない気持ちが少しでもあるなら、事前に用意してあったメモの中から「断りの言葉」を読み上げて練習してから、改めて同僚のところに向かいます。

「誘ってくれてありがとう。でも、今日はちょっと都合が悪いので、残念だけどやめておきます。また誘ってくださいね」

と、笑顔を見せる（ここまで指示通り）。すると、相手はなんと私を怒ることなく、それればかりか次の機会にまた誘ってくれたのでした。「この人は断っても怒らない」、それがわかるたび私は胸をなでおろす、その連続でした。

こうして、ひとつひとつの行動を自主的に管理し、望ましい結果が生まれるようにコントロールする努力を数年間つづけました。すると、私を取り巻く人間関係は少しずつ改善されていったのです。どこの職場でも孤立し、浮いていた私が、次第に人間関係が苦ではなくなりました。自分がどのようにふるまえばトラブルにならないかがあらかじめ想定できるようになったのです。

私はこうして生きづらさを自ら軽減し、念願の自尊感情を回復させていきました。子ども時代に背負った呪縛から、自ら試行錯誤した方法で、解き放たれることができた、そう考えています。

この講演が終了すると同時に、ひとりの先生が声をかけてくれました。その後、某大学で学長の座に就かれたY先生でした。福祉のエキスパートの女性です。

「藤木さん、あなたがやってこられたことは、『認知行動療法』というものですよ」

この言葉は私の心に強く響きました。私は自分の課題を解決するために、我流の性格改造トレーニングを考案し、実践したわけですが、すでに同様の目的と効果を持ち、かつ体系化された心理療法がこの世に存在する——そう聞いた時、「これだ」と、心が震えるような感覚をおぼえました。

認知行動療法とは？　どのような内容で、どんな人に、どれほどの効果があるだろう、どこで受けることができるのか、まだあまり人に知られていないのはなぜ？　私の研究はこうして認知や行動に働きかける「認知行動的アプローチ」に大きく傾いていきました。

認知（考え方）と行動に働きかける

私の立ち直りをここで再度、整理します。

私の社会適応が難しかった理由は、①生育過程の負の学習によって不合理な思考と行動のパターンを学んでしまったこと、②そのために、感情の浮沈が激しく、人から誤解を受けるような態度や行動をとっていたこと、③そうした状況が対人関係を難しくしていたこと、という一連の流れとその要因にありました。

そこで、まずは感情を安定させるために、気持ちがラクになる考え方を心がけました。「こういう場面ではこう考えよう」というように。

それとともに、自分の「行動」について事前にリハーサルをしました。さまざまな対人場面において自分がとるべき望ましい行動と、その際に伝えるべき「セリフ」を予測し、これらのルールを実行しました。つまり私は考え方と行動の両方を制御した結果、少しずつ人に上手に接することができるようになったのです。

考え方から働きかけるものは「認知的アプローチ」、行動から変えようとする技法は「行動的アプローチ」と呼ばれます。認知と行動はつながっているため、結果的には同じ効果が得られることから、これらを総して「認知行動的アプローチ」という言い方をします。まずどちらから働きかけるかの違いといえます。

考え方と行動、この2つはどんな関係性にあるのでしょうか。そして感情はどこから来るのでしょうか。「育ちの傷」は、ただ生きてさえいればそのうち時間が癒やしてくれるような甘いものではないと書きました。その理由は、否定的な考え方は、その人の負の経験の影響を強く受け、長い時間をかけて形成、強化されてきたものだからです。一度、固定化されてしまったパターンはやすやすと変化させられません。

よって、「育ちの傷」を回復させることとは、くり返しくり返し自分の思考を占拠しようとする、怒りや不安などの「否定的な」「被害的な」思いとの闘いに勝つことを意味します。それに要する時間は、その人がこれまで生きてきた、被害を受けてきた年数だけ必要だといっても過言ではありません。

気の遠くなるような話に思えるかもしれません。しかし、「出口」はあります。それが認知行動的アプローチ、すなわち「認知」と「行動」に働きかける方法です。

「思い込み」や「決めつけ」が生む病

認知とは《cognition》、「知識を得る働き」、すなわち知覚・記憶・推論・問題解決などの知的活動を総称します。「その人の物事の考え方、とらえ方」と解釈しましょう。

物事に対する考え方には大きく個人差があります。同じ光景や場面に遭遇してもそこで何を感じるか、受け取るかは個々人それぞれの経験によって異なります。たとえば同じようなケガをしたとしても、ある人は「あー、ついてない。なんでこんなに運が悪いんだ！」と落ち込むでしょうが、別の人は「これだけのケガですんだのはツイてる。命に別状なくてよかった」と胸をなでおろすかもしれません。

こうした物事のとらえ方の違いに着目したのが、アメリカの精神科医アーロン・ベックです。彼はうつ病の治療をしていた時、うつ病患者の物事のとらえ方は普通の人と違っていることに気づきました。

それはたとえば、誰にでもあるような小さな失敗について長く悩みつづけたり、その小さな失敗が原因で他のこともすべてダメになると考え、何かうまくいった体験があっても決して喜ぶことができず、これはまぐれだ、すぐにきっと悪いことが起きるに違いない、などと考える習慣です。

こうした否定的な思い込みや決めつけを、「認知の歪み」や「認知のかたより」と呼びます。１０６～１０７ページに挙げたのは「代表的な認知の歪み」です。

いずれもあくまで代表的なものであり、意味が重なるところも多いのですが、他にも膨大な歪みのパターンが存在します。共通点はバランスを欠いた、極端な考え方である点です。いくらそれが非現実的（あり得ない）、かつ非合理的（つじつまが合わない）な考え方であったとしても、本人は大真面目にそれが真実、事実であると考えて、ひたすら不安や怒りの中に落ちていきます。

その中でも、頭の中でくり返しくり返し浮かんでくるフレーズを「自動思考（ＡＴ：Automatic Thought）」と言います。これは本人の意思とは関係なく、根拠なく出てくる言葉のことです。

たとえば、くじ引きをする時にいつも「きっと当たらない」、何らかの試験を受ける前には常に「どうせダメだ」、恋人との待ち合わせ場所ではずっと「もう来ない、捨てられたんだ」などの悪い結果を予測しつづけるような考えです。傷つくことを怖れているのだ

⑥ 結論の飛躍　jumping to conclusion

根拠もないのに悲観的な結論を出す。
a. 独断的推論
心の読み過ぎ。ある人の言動・態度を悪く受け取る。「私のことが嫌いなんだわ」など。
b. 先読みの誤り・否定的予測
ほんの小さなことからつねに否定的な予測をする。事態が確実に悪くなると決めつける。「これはきっと癌だ、もう助からない」など。

⑦ 拡大視と過小評価　magnification and minimization

あることをことさら大きく考える、または過小評価することで自己評価を低める。「こんな資格、たいしたことない」「自分は何をやってもダメ」など。

⑧感情的決めつけ　emotional reasoning

すべてその時の感情で出来事や事実を決めつける。「私はあの人が嫌い。みんなもそうでしょ？」「気に食わない人は降格させていい」など。

⑨ べき思考　should thinking

根拠もないのに、「〜すべき」「〜ねばならない」「こうあるべき」と自分を追い詰める。役割や性別などに対して固定的・強迫的に考える。「母親だから」「女だから」「長女だから」など。

⑩ 自己関連づけ・自己中心思考　personalization

なんでも自分に関連づけて考える（自己中心思考、過度の責任性）。「あの人が退社したのは私のせいだ」「あの人が怒ったのは私が何か言ったから」など、周囲のよくないことはすべて自分が悪い、自分に責任があると考える。誰にでも責任を感じる。誰かから見られていると考える。あるいはいつも最悪の事態が、自分に起きると考える（破局形成）。

代表的な認知の歪みと自動思考

① 白黒思考　all-or-nothing thinking

物事について極端な結論を早く出したがる。「二分割思考」とも言う。物事を見る時に、「白か黒か」など両極端なものの見方、とらえ方や決断をしようとする。実際のところ、この世の問題の多くは、「白か黒」「0か100」など、どちらかに決めることができず、事実はそれらの中間、つまりグレーゾーンにあることが多いので、どちらかに決めようとすることが悩みや苦しみを生み出す。

② 過度の一般化　overgeneralization

少しダメなことがあるとすべてがダメだと思う。1つや2つよくない出来事があると、「すべて〜だ」「いつも〜だ」と思い込んでしまう。職場での小さなミスも、「また失敗した。私ってこの仕事に向いてない」などと結論づけ、すぐ仕事を辞めてしまうなど。

③ 心のフィルター・心のサングラス　mental filter

ちょっとした欠点をおおごとにとらえ、他のことはすべて見えなくなってしまう。あるいは、ある部分にのみ強くとらわれる。「選択的抽出」とも言う。

④ マイナス化思考　disqualifying the positive

よいことも悪く受け取る。単にネガティブになるだけでなく、なんでもないことや、成果、成功に対しても小さく評価したり、よい出来事まで無視したり、悪い出来事にすり替えて考える。「こんなにいいことがあるなんて。次はきっと悪いことが起こる」、あるいはいいことがあっても「たまたまだ」と否定的に考える。

⑤ レッテル貼り　labeling and mislabeling

熟慮や検討もせずにすぐに結論を出して決めつける。すぐに否定的なレッテルを貼る。「ダメなやつだ」「あいつはそういう人間」など。

とも言えますが、こうしたしつこい思考の応酬が、自信や意欲を低下させ、その人の態度・行動を決定づけます。

歪んだ考えをつくりだす型「スキーマ」

では、こうしたやっかいな思考をつくりだす認知の歪みは、いつ生じたのでしょう?

一般的には「大きなストレスにさらされた時」と考えられています。

人は強いストレスにさらされつづけると、自我、つまり自分自身の存在が希薄になり、そこに「スキーマ」(絶対的な信念、信条、固定観念)が出現することで認知が歪むと考えられています。これが生育過程で起きることが「育ちの傷」なのです。こうして出現した認知の歪みが新たなストレスを生み、そのストレスが個人の許容量を超えた時に脳機能の低下が起き、精神的な疾患や身体の病気として現れるとされています。

では、スキーマとは何でしょうか。外からの刺激に対して心がどう反応するかの形状を決定する無意識の心の構造、しくみを指します。スキーマの説明をする時、私はいつもクッキーをつくる時の型(抜き型といいます)にたとえて話します。抜き型が星の形をしていれば、何度押してもクッキーは星形、ハート型ならハートになるからです。それと同じ

スキーマのイメージ

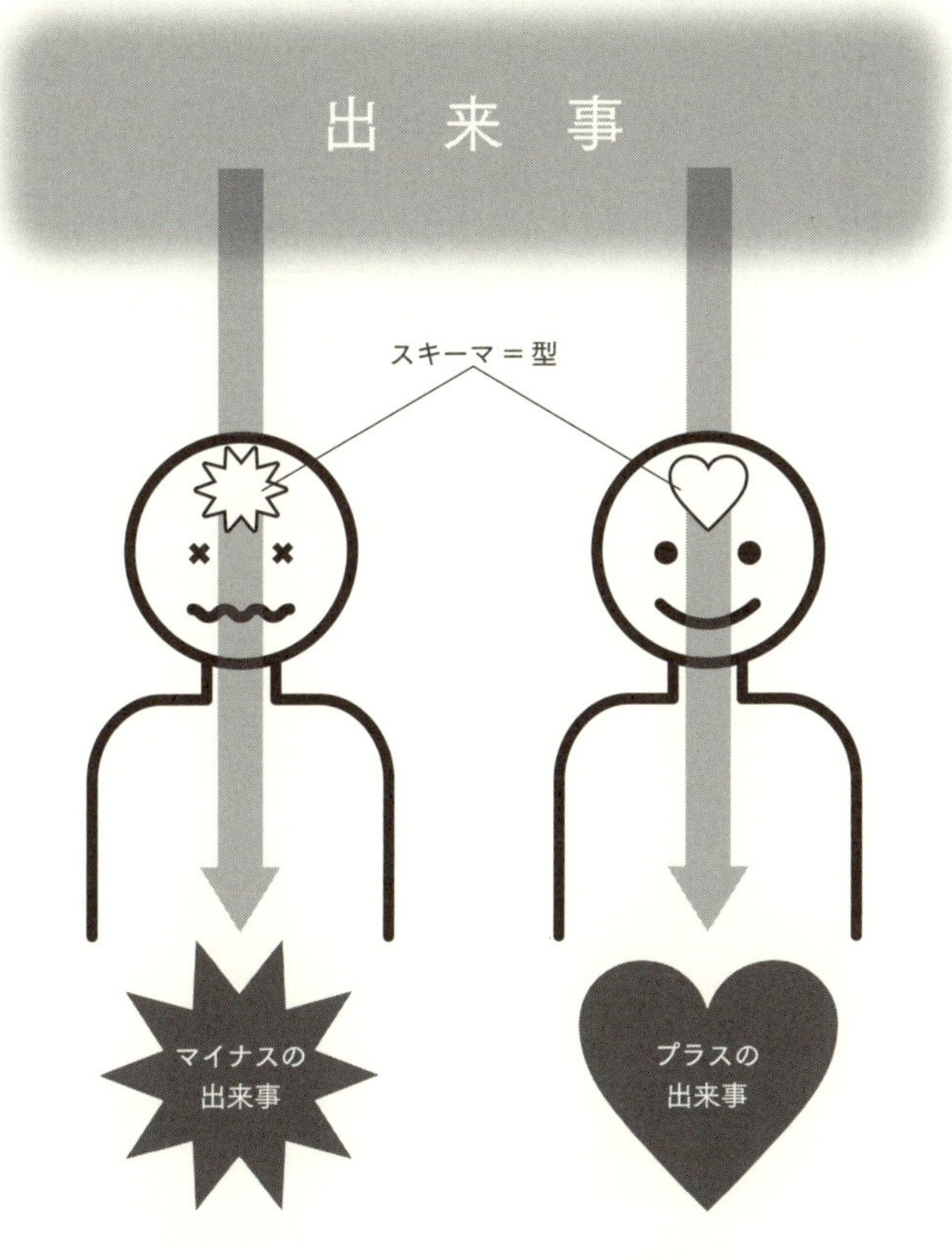

出来事がどんなものであれ、スキーマの型どおりに解釈され、プラスにもマイナスにもなり得る

で、たとえば、「自分はダメだ」というスキーマがある人は、どんな場面でも気分が低下していますから楽しむことができません。ハワイのビーチにいても、「自分にこんな場所はふさわしくない」とか「自分はこんなところで遊んでいてはいけない」などの考えが頭を離れず、ひとり落ち込んでイライラします。

スキーマの中には社会的規範（ルール）として多くの人が共有しているものもあり、すべてが悪いものとは限りませんが、過去のつらく苦しい体験から無意識的につくりだされたものである場合、本人がそれを意識したり、認識するには時間がかかります。

私の場合も、過去の体験から身についたさまざまな思い込みや決めつけが客観的な判断をことごとく誤らせ、次から次へと困難な状況を招いていましたが、それに気づいたのは成人してからずっとあとのことでした。しかし、それ以降の長期にわたる継続的な認知修正作業によって、問題あるスキーマはかなり改善されました。現在は経営者という立場上、日々いろいろなことに直面しますが、精神的に大きく落ち込むことはありません。

認知モデルと認知再構成法

では、否定的な考え方は、どのようなプロセスで感情や行動に悪影響を与えるのでしょ

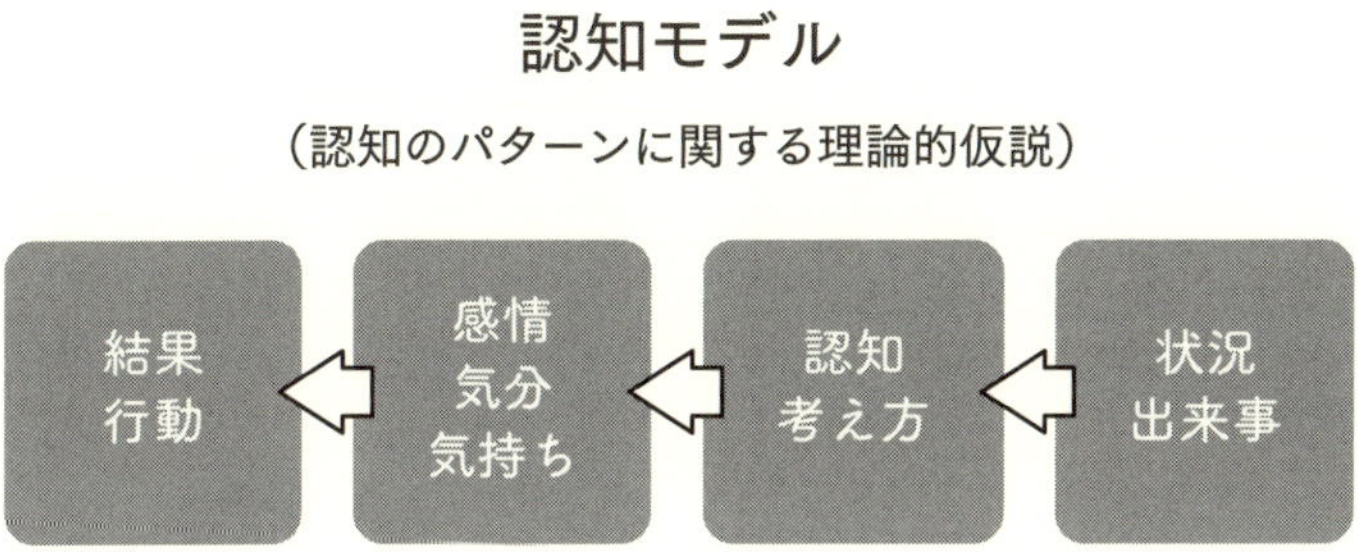

うか。

たとえば、うつ病に伴う症状として、精神力の減退、自信喪失、無力感、思考や行動の抑制などがありますが、こうした状態から抜け出すためには、そもそも気持ちを落ち込ませるような考え方をなんとかする必要があると考えられます。

上の図は「認知モデル」と言います。ある状況や出来事から、その人の考えがどう感情に影響し、結果や行動にたどり着くかまでの一連の流れを示したものです。左から始まるモデルもあります。

右から2番目の「認知・考え方」が否定的なものである時、「感情・気分・気持ち」はそれに引きずられて否定的なものとなり、その影響を受けて「結果・行動」も否定的なものになります。ですから、結果・行動を肯定的なものにしたい場合は、感情を変えようとするのではなく、認

知・考え方を肯定的なものに変える必要があります。たとえば、

【状況・出来事】あなたの知人があいさつもせずに横を通り抜けた

とします。その時、あなたはどんな反応をするでしょう?

←

【認知】「私のことが嫌いだから無視したんだな」

と否定的に考えれば、拒絶されたショックで、

←

【感情】どんどん気分が低下して悪くなる

すると、次からその知人を、

←

【行動】「避ける」

という否定的な行動をとるかもしれません。

こうしたパターンは社会性や対人関係という面では好ましくないものです。実際にはど

うなのかわからない負の予測を一方的に信じて「悪く受け取る」ことで、行動に悪影響が出る、すなわち対人関係が悪化してしまいます。

こんな体験を何度も重ねると、やがて自分自身で「私は人に好かれない」と決めつけたり、周囲から「対人関係に問題がある人」というレッテルを貼られてしまいます。いったんこのようなレッテルを貼られて社会から外れ始めると、「人が苦手」「人が怖い」といった負の思いが強まり、仕事から遠ざかる一方で、経済的にも弱者になっていきます。

過去のつらい対人関係から来る「育ちの傷」が根底にある場合、その回復には、認知の歪みを修正して感情を安定させることが欠かせません。その反復が対人関係における結果・行動を好ましいものに変化させ、いつしか問題を生み出すもととなってきたスキーマ（型）をも変容させるのです。

このように、ひとつの場面に対する自分の考え方・受け止め方が自分の感情や行動をネガティブにしてしまう状況を客観的にとらえ、自分を苦しくさせている考えを修正してバランスをとる方法を、「認知再構成法」と言います。

先ほどの事例で言うと、

【状況・出来事】あなたの知人があいさつもせずに横を通り抜けた
←【認知】「何か考え事をしていたのかもしれない」「気づかなかったのかも」など
←【感情】平静な気持ち
←【行動】これまで通りの応対

「育ちの傷」を持たない人にとっては、「なんだ、ばかばかしい」「こんなの当たり前だ」と思われるような練習かもしれません。しかし、子どもの頃から安心のない家庭で、親の顔色ばかりを見て育った人は、他者の感情や気分に対して過敏であり、否定的な考えを当たり前として生きています。そうした癖・パターンを持つ人が、肯定的に物事を考えられるようになることは、一般的には想像もつかないくらいに大変なことなのです。

プログラムの最中に、「その否定的な考えを、肯定的な考えに修正してみてください」と言われた当事者が、ひと言も発せずに頭をかかえ込んでしまった場面を、私はこれまで何度も見てきました。また、中には「頭ではわかっているのですが」と、なかなかうまく修正できない自分に落胆される方もいます。

しかし、ここまでくり返し述べた通り、「育ちの傷」はその人の内面に深く根を下ろしていますから、一度や二度の理解や修正で人生が劇的に回復することなどあり得ません。これらの理論と方法をしっかり学習したうえで、修正練習と反復作業をくり返し、新しい考え方を自分の脳の回路にしっかりと定着させる必要があります。これを「定着作業」と言います（くわしくは後述）。本格的な回復はこの定着作業にかかっていると言っても過言ではありません。

ソーシャルスキルとは

認知的アプローチにつづき、もうひとつは行動的アプローチです。

ここでは「ソーシャルスキル」という概念が欠かせません。支援者の間ではＳＳＴ(Social Skills Training）というグループ・ワークですっかりお馴染みになったソーシャルスキルには、社会的スキル、社会生活技能という言い方もあります。

ソーシャルスキルは人が社会で生きる時、生活する時、働く時など、人と関わるあらゆる場面で発揮される対人技術を指しています。行動のみならず、態度やふるまい、表情も含まれる外的な状態を表します。ソーシャルスキルの数は無尽蔵であり、定義も実に広いのですが、ここではひとまず、「人とうまく関わる技術」としておきます。

この概念は「育ちの傷」をかかえる人を支援する手がかりとして非常に重要だと私は考えています。なぜなら、「育ちの傷」を負った人には、「苦手な」ソーシャルスキルが実にたくさんあるからです。このために人から誤解を受けたり、人の輪に溶け込めなかったりします。それはかつての私自身であり、そのために自己流性格改造トレーニングで苦手なソーシャルスキルを訓練したわけです。

ここで私は何を獲得しようとしたのでしょうか。私たちは人とコミュニケーションをとる時、視覚、聴覚、触覚、味覚、嗅覚といった五感によって認知された世界を意味づけし、解釈したのちに、行動を含めた表出としてアウトプットします。よって内面、心的世界と、言語・行動などの外的世界はつながっているといえます。

人が心理的な課題から人と視線を合わすことができなくなることを心理学で「視線恐怖」と呼びます。視線恐怖が強い方へのソーシャルスキル訓練として、こちらの顔を大きなお面で隠し、時間をかけてお面を小さくしていき、顔を見る恐怖心を減らすというものがあります。もっと簡単なものでは、目を見る代わりに口元や胸元を見る練習をします。視線恐怖が顕著な場合、就職面接などの結果が本人に不利に働く可能性が高いからです。

つまり、「育ちの傷」の回復をはかるためには、頭で理解するだけではなく、実際に社会で適応的な行動をし、受け入れられる体験を重ねることが大切なのです。

「損得勘定」という指標

では、具体的にどのような対人行動をソーシャルスキルと呼ぶのでしょうか。

私が研修などでよく例に出すものは、あいさつ、自己紹介、会話、傾聴、報告、連絡、相談、感情統制、ストレス対処、友情形成、問題解決、危険回避などのスキルです。

これを聞いて、「なんだ、マナー練習か？」と思われるかもしれませんが、そうではありません。ソーシャルスキルはマナーでも、エチケットでも、モラルでもなく、「相手のためではなく、自分のため」「自分が損をせず、得するため」に活用する社会的技術です。

これはソーシャルスキルの本質であり、ユニークな考え方とも言えますが、プログラムでも、ソーシャルスキルが損得勘定に基づく技術であることをしっかりと伝えます。

「育ちの傷」をかかえた人の中には対人場面において頭を下げることイコール「負け」、

などと場当たり的な勝負や感情が先立つ人が少なくありません。そこで、ソーシャルスキルが何のためにあるのか、なぜ自分の第一印象が悪く受け取られるのか、職場で浮いてしまうのか、家族との関係が切れてしまうのか、などの原因をしっかり理解することで、「これ以上、損したくない」という改善の意欲を芽生えさせます。

たとえば「あいさつスキル」についての説明では、ただあいさつをすればよいということではなく、自分にとって「得になる」あいさつをしなくてはいけないこと、新しい職場で無表情のまま押し黙って頭をペコリと下げるだけではかえって第一印象を悪くしてしまうことを伝えます。そのうえで、罰や無視の対象にされないために、きちんと相手の目を見て、相手が不快に感じないあいさつはどんなものかを学習します。

自己紹介スキルについてもただ自己紹介をすればよいのではありません。ソーシャルスキルとしての自己紹介は、自らすすんで「感じの良い自己紹介」をすること。これがそこでの人間関係を取り結ぼうという意欲を伝え、相手に受け入れられる、すなわち「得をする」ことにつながるのです。

ソーシャルスキルの「獲得過程」とは

では、ソーシャルスキルの得意、不得意はなぜ起きるのでしょうか。それには大きく2つの側面があります。ひとつは「獲得過程に関わる問題」、もうひとつは「表出過程に関わる問題」です。

そのうち獲得過程に関わる問題とは、獲得、つまりそれを得る、学ぶ段階に問題があった、「もともとよいスキルを学べていないパターン」といえます。

人がソーシャルスキルを習得する際、大きな影響をもたらす要因として、「生育環境」「社会経験」「生まれつきの器質的な課題」、この3つが挙げられます。まず生育環境には、家族、親や兄弟・姉妹はもちろん祖父母、親戚、学校の先生や友だち、ご近所まで、子ども時代の自分に影響をおよぼしたあらゆる人が含まれます。子どもはモデル（見本）を観察し、モデルの持つ特性を自分のものとして獲得する「モデリング（modeling）」を通して、さまざまな技術を学ぶという考え方です。

自分に最も近い存在として親に代表される家族の影響は強く、ソーシャルスキルをはじめ文化や風習、価値観、信念体系まで、ありとあらゆる「様式」や「伝統」を子どもは受け継ぎます。人間関係や社会観も含めたこの世の中での生き方を真似るわけですから、その親自身やそれを取り巻く環境がどんなものであったかによって、子どもの社会での生き方は大きく影響を受けます。

親も「育ちの傷」をかかえている場合は、親自身が人とうまく関わるのが苦手なために、子どもも苦手になる傾向が強いと言えます。たとえば、「自分があいさつするかしないかは、好き嫌いで決めればいい」「世の中はしょせん力関係だ」「弱い者は強い者に従うしかない」「言うことを聞かなければ暴力をふるってもいい」といった、ソーシャルスキルとしては問題ある考え方も、子どもが親をモデリングすることによって身につけてしまいます。「育ちの傷」を持つ人の中には、しつけを含めて子どもの世話をしない文化を持つ家庭に育った人もめずらしくありません。その場合、ソーシャルスキルそのものが学べない環境にあるといえます。

2つめの社会経験は文字通り、若年であったりすることによる体験の不足を指します。これはＳＳＴなどのソーシャルスキルを中心とした訓練と実社会での実践のくり返しで改善がみられます。

3つめは、発達障害など、社会性に課題がある障害を有しているケースです。ＳＳＴが有効に働く場合もありますが、限界もあります。その際は、職場や環境の配慮など、障害に対する周囲の理解を得ることで継続的な就労が可能になります。

ソーシャルスキルの「表出過程」とは

次に、表出過程に関わる問題について述べます。表出、つまりそれを表す、表現する段階における問題とは、「ソーシャルスキルは学んでいるが、スキル実行に至らないパターン」と言えます。すなわち、スキルを実行すべき場面であることは理解できていても、それを発揮する段階に何らかの妨害反応があるために適切なソーシャルスキルを発揮できないケースです。

スキル発揮を妨害している要因として、「不安や緊張などの心理的な問題」や「一時的なショックや悲嘆」などが挙げられます。たとえば、職場で前から上司が歩いて来る、あいさつしないと、と思っても「うまくできるか不安」だったり、「無視されたらどうしよう」などの心配が大きいためにスキル発揮に至れないという場合です。思いはあっても結果としてあいさつができなければ獲得していないことと同じですから、これもソーシャルスキルとしては問題があるわけです。

一時的なショックや悲嘆は、災害、事故、喪失による悲嘆、ＤＶなどの暴力被害など、突発的な出来事によるダメージと言えます。この場合、一時的にソーシャルスキルは低下しますが、時間とともに回復が見込まれます。

以上のことから、ソーシャルスキルはそれまでの生い立ちや経験と深く結びついており、とりわけ「育ちの傷」の有無がソーシャルスキルの獲得と発揮を左右すると言えます。

対人関係は社会生活におけるライフラインです。しかし、「育ちの傷」に気づかない当事者は理由もわからぬままに学校や職場、地域コミュニティなどの世間から排除され、自尊感情をひたすら低下させてしまいます。

しかし、その後出会った支援者が、ソーシャルスキルについてしっかり理解できていれば、「環境が悪かったのだな」「不安が高いのだな」と分析的かつ受容的に受け止め、適切な支援が可能になります。

その場合、まずはスキルの獲得に問題があるのか、表出に困難があるのかを見極めます。いずれの場合でもうまく行動に出せるよう、もしくは気持ちの安定がはかれるよう援助します。グループによるソーシャルスキル訓練に招き入れることも、同じ立場の人たちと空間を共有し、話を聴くこと、言葉を交わすことで得られるものは小さくありません。

また、改善がなかなか見られない場合は発達に障害がないか、知的に問題はないかを検討することも必要です。

このように「育ちの傷」をかかえた人には、画一的な指示や指導をするのではなく、理論的かつ段階的にステップを踏みながら、個々人が場面、場面で新しい考え方を選べるよう支援をすることが大切です。その結果、その人自身とそれを取り巻く環境がおのずと変化し始めます。支援の時期と方法に誤りがなければ立ち直れない人はいない、私はそう考えています。

第4章

生き方はかならず変えられる

第3章で「育ちの傷」を回復させるためには、認知の再構成によって不安材料を軽減し、ソーシャルスキルを発揮させて、自尊感情を高めることが重要であると述べました。

ここからは具体的な実践例を通じて、当事者自身もこうした学びの機会を求めていること、そして適切な学びの機会が提供されることで、人との関係性を取り結ぶことができるというお話をします。

私は日々、たくさんの当事者と出会いますが、「育ちの傷」という難しい社会的障害をかかえていても、息の長い支援によって回復に向かう事例も見てきました。ヤクザの子として育ち、薬物に手を染め、刑務所に囚われの身となったのち、不断の努力で人並みの幸せをつかんだSさんもそのひとりです。

刑務所がえりのSさん

Sさんに出会ったのは、ある雑誌の企画がきっかけでした。元女子刑務所の刑務官として、私に対談の依頼が来たのです。その相手が彼女でした。私は同じ刑務所の元看守として、彼女は元受刑者として私の目の前に現れたのでした。

大きな目にしっかりとメイクを施し、フェイクファーのコートに身を包み、とても華やかな装いでした。２時間ほどでしたか、刑務所内での食事や差別的な状況の話にひとしきり花を咲かせて対談は終了、彼女と私は一緒にビルを出ました。

街はすっかり夕暮れ。ここに来た時より往来する車が増えた感じがしました。喉の渇きをおぼえ、私は彼女に、「よかったら」と声をかけて、近くのカフェを指差しました。彼女は、「いいですね」と微笑み、２人でそこに入りました。

生ビールを２つ。彼女はさらに饒舌になりました。今の仕事、つきあっている彼のこと、さらには自分の父親はヤクザで、母親はアルコール依存症であることなど、対談では出なかった話をいろいろ打ち明けてくれました。

レジで支払いを済ませたあと、私は彼女に名刺を差し出しました。

「何かあったら、ここに――」

彼女は、ふいをつかれたような顔を一瞬見せたかと思うと私の顔を見上げ、

「わかりました」

先ほどの屈託ない態度はどこへやら、ハスキーな声を押し殺すように、低くそれだけ答えると、名刺を白い革のバッグに放り込み、ハイヒールの音とともに街中に消えていきました。

覚せい剤の使用で逮捕されたが、刑務所を出所してからはしっかり働いていると話していたのに余計なことをした、気を悪くされたのでは、そんな考えが頭をかすめましたが、なぜかそうしたい気持ちにかられてのことでした。

「やり直したい」を待つ

それから1年以上、彼女からは何の連絡もありませんでした。私の中で彼女の存在は薄らぎつつありました。

そんなある日、見知らぬ電話番号が私の携帯電話に表示されました。出るべきかどうか、少し迷ったあと思い切って電話に出ると、どこかで聞き覚えのあるハスキーな声。

「せんせ」

Sさんでした。

「助けて」

ただならぬ気配が電話の向こうから伝わってきます。

「どうしたの」

いろいろあって身の回りのものが何もなくなってしまった、どうしたらいいのかわからない、と答えます。私は、今からターミナル駅近くのカフェへ向かうよう指示しました。

ほぼ約束の時間に現れた彼女の姿を見て、私はアッと息を呑みました。身に着けていた超ミニのワンピースは、シフォンのような薄い白の生地で、素肌が透けており、ネグリジェにしか見えないものでした。要するに下着のまま外に出てきたとしか思えないような恰好だったのです。さらにはボサボサの髪、手には紙袋やビニール袋をたくさんかかえて立っています。ひと目見れば、異常な状況だと誰もがわかるでしょう。

「せんせ！」

私を見つけ、素足につっかけただけのサンダルの音も高く、小走りで近づいてくる彼女の顔を見て、私はさらに驚きました。大きく愛らしかった彼女の片方の眼球は、今にも飛び出しそうに膨らんでいます。

「どうしたの、その目!?」

彼女はその問いにすぐには答えず、やや背の高いバーカウンターの足元に袋を投げ出すと、大義そうに腰かけ、やっと私の顔を見上げてこう答えました。

「自殺しよと思て、失敗して……」

それだけ言うと、彼女は近くにいたスタッフに指を2本突き立てて生ビールを注文しました。店にいる客たちのまなざしが痛いほど彼女に注がれています。彼女はそんなことにはおかまいなし、カウンター越しに出された生ビールのジョッキを握るやいなや一気にあおり、フゥーとため息をついてからやっと顚末を話し出しました。


刑務所を出てからは、性風俗店に勤めていた。

その稼ぎで男と2人で暮らしていた。

彼が大好きだった。なのにその男が自分から去っていった。

もう生きていけないと思い、部屋で横木に紐をかけて首を吊った。

だがもうちょっとのところでその木が折れて体が落ちた。

片目が飛び出したままになっているのはその時の衝撃。

身の回りのものはその直前に全部川に投げ捨てたので、今はこれしかない。


そこまで話して、足元の袋を指差しました。

勢いよく残りのビールをのどに流し込むと、店のスタッフにまた声をかけます。

「兄ちゃん、おかわり」

運ばれたジョッキも瞬く間に空になりました。

この呑み方は普通ではありません。心に問題をかかえている人の呑み方はすぐわかります。酒を水のように呑み干し、味わうということがないのです。

やがて彼女は愚痴めいたことを口にしだしました。

そもそも自分が薬物に走ったのはある男がきっかけだった、アイツとさえ会っていなければ自分は薬をやめられていた——そんな話が延々と続きました。

そんなことを言っている場合じゃない、あなたは今どんな状態でここに来たと思ってるのか。いたたまれなくなった私はその話を遮りました。

「で、どうするの？」

彼女にそう問うと、大きな目が意外そうにキョトンと私の顔を見上げ、

「どうしたらいいですか」

他人ごとのように吐き捨てます。

「どうしたいの」

私は思わず苛立ちました。

「やり直したい」

抑揚のない声が返ってきます。

店内には竹内まりやの曲。近くの男性客グループから起きた笑い声が鎮まるのを待って、私は声を落とし、たたみかけるようにこう言いました。

「じゃあ、私の言うことなんでもきく？」

高圧的な質問に、どんな答えが返ってくるか、私は息をひそめて待ちました。

すると、彼女はあっさりとこう言うのです。

「ききます、ききますよー。お願いします！」

真顔でそう答え終わると同時に、つまみの柿ピーを手の平で口にほうりこみ、ボリボリと音をたてます。

どこか他人ごとのような彼女。本当に頑張れるの、今度こそ。薬をやらずに地道な生活を送りたいと、どこまで真剣に思ってるの？　――これからの道程の険しさと果てしなさに思いを馳せるとめげそうでしたが、私は、彼女のめんどうをみようと決心したのです。

対人援助者同士で、よく「底つき体験」という表現をします。立ち直りにつながる最悪の状態を経験する、という意味です。人は徹底的に懲りなければ、なかなか真剣に自分の更生に取り組めないという教訓からこうした言葉が生まれました。行くあてもないこの時のSさんはまさに八方塞がり、「底つき」の状態といえました。そこに私は賭けたのです。

更生施設で過去と向き合う

まずは私が当時、更生施設で実施していた、グループによる心理プログラムに参加するよう提案しました。そこは野宿生活におちいるなど自立困難な状態にある男性が生活する施設。通常は女性が勝手に出入りすることはできないため、彼女は私のスタッフとして毎回参加することになりました。彼女は当時勤めていた性風俗店の寮からその施設に通い、まわりはすべて男性という異例の状況の中で、定期的に学習を続けました。

ここでは「Social Skills Training（SST：社会生活技能訓練）」を実施していました。SSTを平たく説明すると、ものの言い方や行動を工夫したり、これまでとは違った考え方を取り入れて人間関係をうまく結べるようにする集団訓練のことです。グループでいろいろな話をするので、ふだんあまり人と話さない人にとっても、他者の体験を聞く貴重な機会となります。

Sさんは自分の過去を一切隠さず、次のように語りました。

生まれ育った家庭の中に安らぎはなかった。

ヤクザだった父親が若い衆に暴力をふるうところや、レイプを含めた暴力も幼い頃から目にした。母親も同じく暴力をふるわれていた。

一度は自分の目の前で母親が日本刀で切られて大ケガをした。

小学生だった自分が救急車を呼んだ。

高校生になった頃から、勉強が手につかなくなった。

中退し、その後、結婚して子どもを2人産んだ。

しかし、この子らがまだ小さい時に覚せい剤にはまった。

小さな体に見合わない大量の薬を体に流し込んでいた。

虫が体を走り回る妄想に襲われ、街頭でパトカー相手に大立ち回りをした日、逮捕され、刑務所に入れられた。


赤裸々な話が次々と打ち明けられました。

「出所してからは行き場がなくてね、性風俗店の寮暮らしよ。せっかく止めようと思っていた薬も、客の勧めでまた元通り。ヤク中の男たちにはほんと、散々な目に遭わされたよ、ほら」

と、彼女は片手を突き出して見せるのでした。指が１本、通常とは違う角度を向いています。激しい暴力の跡でした。

その間、周囲の男たちはジッと彼女の話に耳を傾けていました。自らの生きざまに想いを馳せる横顔が見えます。彼女の告白に触発されたのか、これまで一度も語ろうとしなかった人も自分の生きざまを話し出しました。かつて親の生き方に巻き込まれて苦労した人がほとんどでした。

私はこうした参加者の語りのポイントをホワイトボードに記録し、何が起きたのか、なぜ起きたのかについてみんなで語り合うよう促しました。こうした語りのプロセスは、参加者それぞれが自分の人生や家族との関係性について深く考える貴重な機会と言えます。

こうしてＳＳＴに参加しつづけるうちに、参加者の中には自らの過去が整理できたのか、就活を始める人も出てきました。Ｓさん自身にも変化が見られました。当初、彼女はグループの中で自分の父親を擁護しつづけていました。どんなにひどい目に遭わされたことが事実でも、

「それでも自分は愛されていた」

と主張していたのです。それが少しずつ、

「わからなくなった」

と口にするようになりました。自分がなぜあれほど薬物におぼれ、人生を狂わせてしまったのか、その疑問にやっと向き合おうとし始めたのです。

薬物の後遺症とつきあう

彼女が更生施設のSSTに参加してから2年間、実にさまざまなことがありました。通い始めた頃の彼女は、薬物の後遺症が残っていたのか、夜中に突然、私の携帯電話に連絡をしてきて、

「前の彼氏がパトカーに追われてる、助けてって私を呼んでる！」

と騒ぐことがありました。彼の連絡先は不明。妄想でした。私が彼女の部屋を訪問した際、大量の赤い薬をため込んでいるのを見つけ、捨てろ、捨てない、で延々と口論になったこともあります。また、彼女には根強い幻聴がありました。

「物がなくなったり、道に迷った時には幻聴さんにたずねると教えてくれる」

そんな話にも根気よくつきあいました。

やがて、Ｓさんは性風俗店をやめたいと口にするようになりました。そうした店の客には覚せい剤を使用する人が少なくありません。再使用を回避するためにも、自分からそれを言い出したことは、大きな一歩でした。

私は彼女が昔から勤めてみたかったと話していた書店への応募を勧めました。彼女にとって書店という一般的な職場に応募することは大変勇気の要ることでした。私は「いちかばちか、やってみれば」と背中を押しました。応募の結果、見事アルバイトとして採用され、彼女は風俗店の寮を出て、普通のアパートに移ることができたのです。

結局、いくつかのアルバイトを掛け持ちしながらも、２年間ほとんど休むことなくＳＳＴに通いました。そのあと高卒の資格を得るために定時制の高校に入学し、そこを卒業すると、奨学金を得て短大に進学し、とうとう保育士の資格をとったのです。

止まらぬ負の連鎖

一方、彼女には幼い頃に別れた子どもたちがいました。彼らとの交流も試み、成人して間もない実の息子と一緒に生活をするということにも成功しました。まさに彼女のこれまでの人生を一気に挽回したように見えました。ところが、しばらく同居したのもつかの

ま、ある日突然、息子は河原で自ら命を絶ったのです。その知らせを受け、

「ご飯でも食べようか」

私は彼女を駅近くの店に誘いました。

約束の時間に行くと、彼女は全身を息子の服で包み、そこにいました。小柄な彼女が、ダボダボのジーンズとチェックのシャツをまとって止まり木にちょこんと座り、グラスを握りしめていたのです。その時何を話したかはあまり記憶していません。しかし、その小さな背中は昨日のことのようにおぼえています。

ずっと離れ離れだった親子。よりを戻すことができたとたん、なぜ彼は命を絶ったのか？　やっと一緒に暮らせたのに、20年近い年月を埋めることはやはり困難だったのか？

さまざまに思いを巡らせましたが、本当の理由はわからずじまいです。

しかし、幼い頃に母親が薬物使用で収監され、生き別れていたわけですから、彼がその間、どれほどの苦悩の中で生きたかについては言うまでもないこと。では、この責任は誰にあるのか。Sさんが悪い、彼女が覚せい剤に走ったからだ、とするべきでしょうか。

彼女の人生が狂い始めた原因は、両親の間に繰り広げられた暴力を目撃しつづけた経験にある、私はそう確信しています。面前DVという児童虐待を受けつづけた子ども時代を

思うと、彼女は親としては加害者かもしれませんが、娘としては被害者でした。
では、そうした家庭をつくった彼女の親に原因があるのでしょうか。彼女の母親はＤＶとアルコール依存の人生を送り、父親はヤクザで、抗争と金にまみれた人生を送りました。この両親の生育歴も相当困難なものであったと思います。

私はこれまで、ヤクザ稼業に身を置く人々の支援に関わる機会がありましたが、誰もが例外なく、「育ちの傷」をかかえていました。家庭の不和、貧しさ、学校中退、その後の都市雑業の日々、社会的格差や差別、排除の果てにたどり着いたのが裏稼業です。社会資源から切り離されて生きてきたヤクザの中には、経済的に困窮し、みじめな末路をたどる人も少なくないのです。その意味ではいくら極道非道と揶揄する声があろうとも、彼らもれっきとした社会的弱者なのだと私は思っています。

このように、彼女を取り巻く人々はすべて「育ちの傷」を負った人でした。逆に言えば、それ以外の世界の人間との縁がなかったのです。ＤＶも虐待も同根、家族・身内から受けるあらゆる暴力はその人の大切な何かを破壊するのです。人はどこまで生まれた環境のツケを払えばよいのか——親子の間に受け継がれる負の連鎖がいかに強力で過酷であるかを思い知らされた夜でした。

しかし、その後も彼女は過去の生活に戻ることなく、地道な努力をつづけ、現在は良き伴侶と穏やかな暮らしをしています。この出直しは本物――彼女の長かった放浪の旅もそろそろ終結を迎えたという確信が私の中に芽生え始めています。

先日、Sさんがメールをくれました。その中にはこんな言葉がありました。

「過去の体験のせいで歪んだ認知が、私にさまざまな問題を生じさせていたのですね」

そして、「幸せです」とも。

ここへ来て彼女は生まれて初めて「普通の家庭」の何たるかを知り、遅ればせながら自らの育ちにおける愛着不足を補うべく、今日も夫と2人、稼業に精を出しています。

シングルマザーたちへの心理的支援

Sさんの体験はかなり特別な事例に見えるかもしれません。しかし、こうした心理的支援は他のさまざまなケースにも奏功することが、客観的なデータで証明されています。母子生活支援施設での実践例を紹介します。

母子生活支援施設とは、児童福祉法により定められた、事情があって行き場を失くしたシングルマザーとその子どもが一緒に暮らす場所です。歴史は古く、かつては戦争によって焼け出された母子の救済を目的とするなど、その姿は時代時代を映し出し、社会の要請を受けて存続してきた施設と言えます。

厚労省の資料によると、２０１５年10月時点では全国に２３５施設、そこに３４６５世帯の親子が生活しています。それより少し前のデータとなりますが、利用者の内訳を見ると、母親の平均年齢は36歳、子どもの約８割が乳幼児・小学生以下です。母親自身に何らかの障害があるケースも少なくなく（30・０％）、その子どもたちの35％にも何らかの障害があるとされています（全国母子生活支援施設協議会による）。外国籍の母子も年々増える傾向にあります。

パートナーからの暴力を経験したＤＶ被害者は入所者の半数〜８割に上ります。また、入所前に虐待を受けていた子どもは、ＤＶ被害による入所世帯の子どもの４割に相当します。そうした虐待行為が見られる母親の６割が、自分自身も過去に身内から虐待や暴力を受けている、すなわち「育ちの傷」をかかえていると言えます。

私がＳＥＰを始めた当時の個別面談用のノートには、次のようなメモが残っています。

少年院への入所歴あり、DV・虐待により心療内科受診中
DV被害によりうつ病、（他府県にまたがる）広域入所
リストカット、夫酒乱により家出
長男は自閉症　長女、発達に遅れ
未婚で出産後（2度め）、簡易宿泊所から入所
アルコール依存症、行くあてなく入所（2度め）
もとキャバクラ嬢、精神科受診中、長男は発達障害
夫から借金をさせられ自己破産
妊娠により高校中退後、DVで一時保護
統合失調症　夫が借金で失踪
境界性人格障害　離婚により住居喪失、第2子妊娠中

もちろん、全員がこのような問題をかかえているわけではありませんが、DV被害による後遺症から、施設入所後も精神科への通院や心理的ケアを必要とする母親は決して少なくありません。なぜ彼女たちはこれほどの苦労をかかえねばならなかったのでしょうか。

　ごく普通の一般家庭であれば、嫁いだ娘がＤＶで家を出るなどという事態に直面すれば、たいていは「孫ともどもすぐうちに戻ってきなさい！」となるように思います。しかし、彼女たちはそれがかないません。実家の援助を期待できないさまざまな事情があるのです。もともと縁が薄い、親子の関係性が悪い、里親や児童養護施設で育っている、実親自身が貧困や精神的な課題をかかえている、あるいは親自身の再婚で娘親子が戻ることを歓迎されないなどなど、娘が実家を頼れないという状況は、彼女たちのこれまでの苦労を物語っています。

　一方、「育ちの傷」から考えれば、そもそも実家の親自身がかかえる問題や事情が原因ですから、安易に頼らないほうがいいのかもしれません。ならば親子が自力で生きていけるよう、施設にいる間にスキルを高めてもらうことが重要課題となるわけです。

　しかし、「育ちの傷」ゆえに対人関係の困難をかかえていますから、人が怖い、信用できない、人との関わりを避ける、逆にすぐ人に利用される、依存や支配の関係になるといった問題が彼女たちの就労と自立、およびその継続を妨げます。そこで、グループという小さな集団、人間関係の中に身を置いて、人との距離の取り方や、他者への信頼感を取り戻す機会が必要になってきます。

研究結果は「効果あり」

ここから「母子生活支援施設におけるシングルマザーに対するグループ介入プログラムの効果」という論文の内容をご紹介します（「コミュニティ心理学研究」第17巻1号）。

期間は、２０１０年10月～２０１２年9月の約2年間、対象は母子生活支援施設で生活する10代から30代のシングルマザー26名（2ヵ所の母子生活支援施設で実施したプログラムに参加したシングルマザー44名のうち測定結果が揃った26名）です。

それぞれ実施前にひとり50分ほど個別面談を持ち、プログラム内容と結果の取り扱いについて説明し、同意を得たうえで「フェイスシート」と呼ばれる質問紙に記入をお願いしました。

プログラムはそれぞれの施設で、1グループ5名、平日の19時から90分、計5回（隔週で5日間）実施しました。毎回のテーマとしては、「自己理解と他者理解」「社会的スキルとは」「認知モデルと修正」「自動思考」「対人関係と感情コントロール」といった内容を中心に進めます。また、プログラム後は、全員に感想文を提出していただきました。

参加者のプロフィールは次ページの表の通りです。平均年齢は約31歳。10代のお母さん

研究協力者の特徴

・N=26
・平均年齢(SD)：31.2歳

就労状況	就労中		10 [38.5%]
	無職		16 [61.5%]
親との交流	連絡をとっている		22 [84.6%]
	連絡をとっていない		4 [15.4%]
子どもの数	ひとり		19 [73.1%]
	２人		4 [15.4%]
	３人		3 [11.5%]
子どもの年齢	乳児期：0〜1歳		9 [34.6%]
	幼児期：2〜6歳		15 [57.7%]
	学童期：7〜12歳		1 [3.8%]
	13歳以上		1 [3.8%]
子どもへの関わり	子どもを怒鳴る・手をあげる・蹴るなどをしてしまうこと	ない	2 [7.7%]
		ほとんどない	5 [19.2%]
		たまにある	18 [69.2%]
		よくある	1 [3.8%]
家族からの暴力被害経験	家族や身内からなんらかの暴力（身体・精神）を受けた経験	ない	4 [15.4%]
		ある	22 [84.6%]
医療	精神科や心療内科などに通院した経験	ある	15 [57.7%]
		ない	11 [42.3%]

が参加することもあります。子どもの年齢は６歳以下が大半で、ひとりっ子が最多です。特徴として次の３つがあります。

①お母さん自身が生育家庭で何らかの暴力を受けている　84・6％
②わが子に対して怒鳴る、手をあげるなどをしてしまう　73・0％
③精神科や心療内科などへの通院経験がある　57・7％

また、着目すべき点として、親との交流は84・6％が「ある」と答えています。すでに述べましたが、交流はあるのに身を寄せることができないというところに、いろいろな事情がうかがわれます。

次に示すのは、参加者に実施した計３回の心理テストの平均値の推移を示したグラフです。値が高いほど自尊感情がしっかりしていると考えられます。プログラム前、プログラム後の違い、そして４ヵ月後の数値の変化が見て取れます。

この尺度のごく簡単な目安としては、20点以下を低い、30点以上を高いとみなします。この数値は26名の平均ですから、実際には高めの人がいますし、非常に低い人もいます。中には14、16など地を這うような点数を叩きだす人もめずらしくありませんが、これくらい自尊感情が低いと、顔を見ただけでわかります。暗く、かたい表情で人と目を合わさ

自尊感情得点の変化

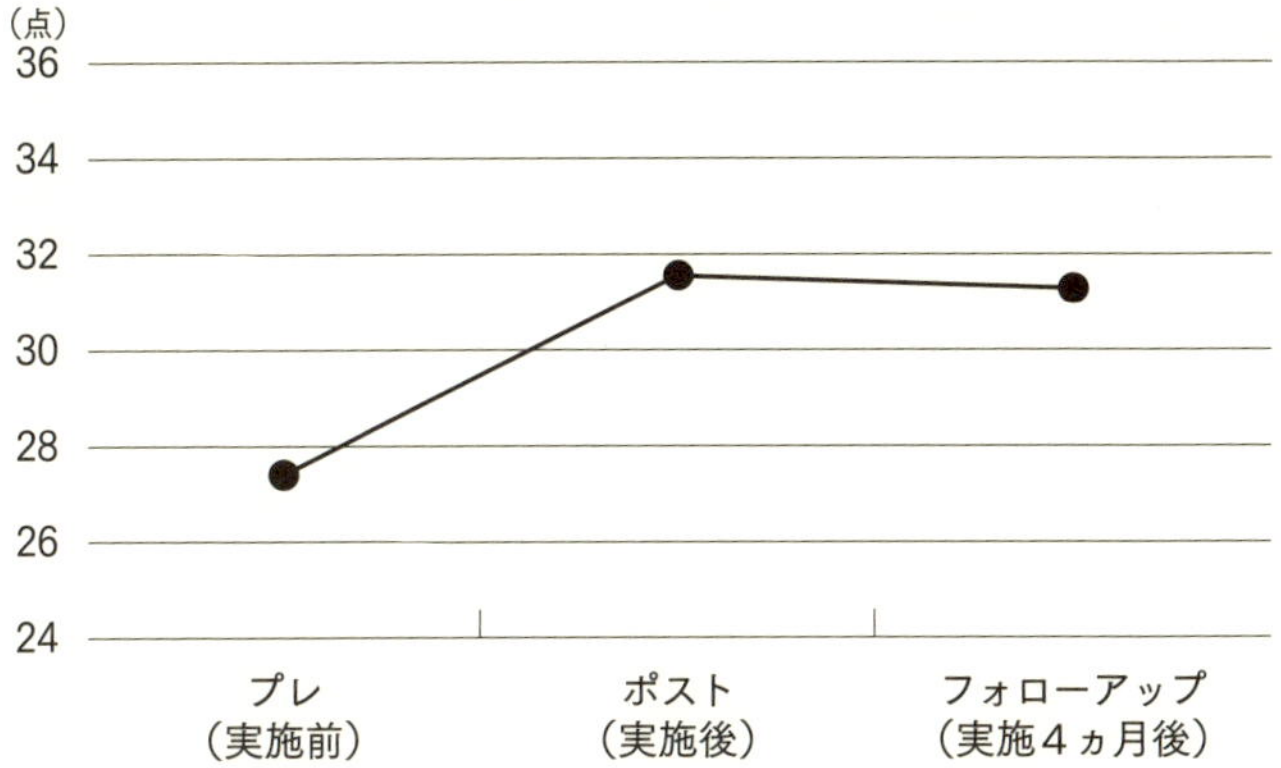

ず、生気もありません。

結果として、プログラム実施後のポストの値は高いとされる領域に達しており、そこから４ヵ月経過したフォローアップ時点でもそれは維持され、さほど低下が見られません。

ここから「自尊感情はいったん上昇すると簡単には下がらない」と考えることができますし、プログラムを受講し終わったあとも、参加者たちはそれぞれの生活の中で認知修正とその定着作業を継続していた可能性を示唆しています。つまり、この一連の作業をふだんの暮らしに取り入れることができれば、効果が持続し、その結果、不安やイライラ、怒りや爆発などの問題行動の引き金になる感情を抑制しつづけることができる、そう考えられないでしょうか。

ＳＥＰは現在も研究中、発展途上です。34名分の最新データでは、自尊感情の上昇に伴い、無気力の低下が顕著であるという傾向が見られ、現在、原著論文を執筆中です。

困っている人々にプログラムを提供し、その内的成長の変化を追うという取り組みには時間と忍耐が不可欠ですが、今後も在野の研究者として、独立独歩、手探りで実践研究をつづけたいと思っています。

第5章

壊れた心を再生する

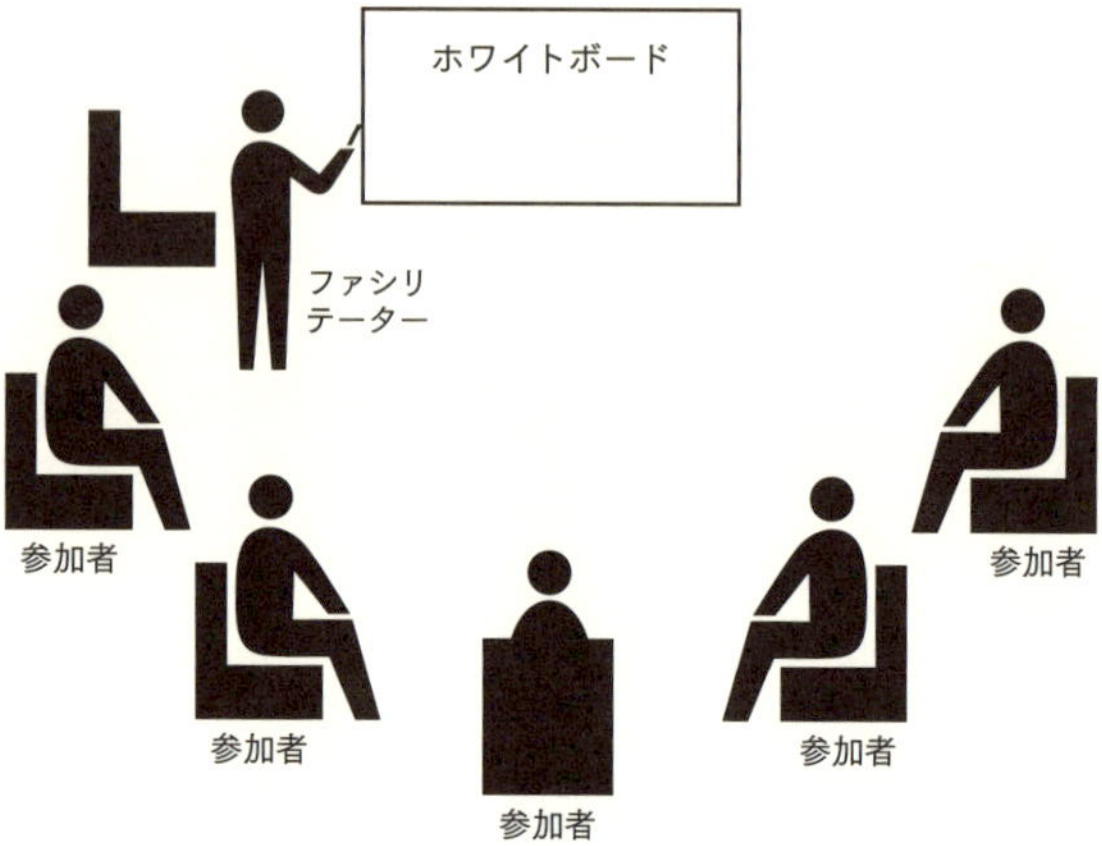

席の配置。全員椅子に座り、ファシリテーターは適宜立って板書・講義を行う

SEPの構成と進行

では、実際のSEPはどのようなものでしょうか。ここからは実際に行われているSEPの内容をご紹介します。読者の皆さまも参加しているつもりでお読みいただければと思います。

SEPは自尊感情の回復を目的として実施する短期の認知行動的アプローチです。一回90分、計5回（約2週間に1回のペース）、グループで行われ、参加人数は5人程度がベストです。多少の増減はありますが、あまり少なくてもグループの効果は得られにくくなりますし、多過ぎると参加者が話せる時間が少なくなります。基本形としては、グループのまとめ役であり進行役でもあるファシリテーターを取り囲むように全員が半円を描いて着席し、ホワイトボードをひとつ用意します（右の図参照）。

ＳＥＰがグループで行われる理由については第４章で述べた通り、対人関係の苦手の克服を目的としているためです。「それならマンツーマンのほうが」と思われがちですが、グループという小さな社会集団に身を置いて学ぶことは、参加者に不足していた「客観性」を補い、「自分にはなかったものの見方」を発見させてくれます（認知の修正が加速します）。

また、他の当事者の話に耳を傾けることで得られる「気づき」や、人と人がつくりだす相互作用による「共感や連帯感」も人への信頼回復には必要です。こうした集団の場に働くエネルギーや力強さ、活力といったダイナミズムは個別のカウンセリングでは得られません。

一方、必ずしもグループでなくても、「個別ＳＥＰ」として、相談援助の場でも活用できます。相談者の言葉に耳を傾けながら認知の状態を推し量り、今、どんな言葉がけが相談者をその強い思い込みから解放するかの作戦を練る技術は個別でも十分に役立つものです。第１章での実践はまさに個別ＳＥＰと言えます。

回復のためになにを学ぶべきか

全体の構成は次の通りです。

・個別面談（心理テスト1回目）
・第1回　心理学習
・第2回　認知の再構成1
・第3回　認知の再構成2
・第4回　個別課題の修正1
・第5回　個別課題の修正2（心理テスト2回目）
・フォローアップ（心理テスト3回目）

SEPで学ぶことを大きく2つに分けると、ひとつが「心理学習」です。ここで人生に必要な要素である「3つのゆとり」（後述）やソーシャルスキルなど、プログラムに参加する目的や自分をよく理解するための心理学的な知識を蓄えます。

２つめは「認知の再構成」です。問題をつくり出す認知について理解し、自分を安心させるための修正方法を学びます。「個別課題の修正」は参加者それぞれの実際の対人関係における困り事を教材として練習します。同時に、宿題として定着作業が出されます。フォローアップでは3回目の心理テストを行い、プログラム終了から4ヵ月間の自主ワークや変化について報告したり、助言を受けます。

低下した自尊感情がたった5回で回復するのかと思われる人は少なくないと思います。しかし、頼りにできる資源も余裕も情報もなく、日々押し寄せる問題にひとりもみくちゃにされて立ちすくむ当事者にとって、今すぐほしいのは「なぜなのか」という疑問に対する回答（問題理解）と、「こうすればいい」という解決のための方法論です。

自分の考えや行動などを深くかえりみる内省が中心で、長期的な視点に立つカウンセリング手法では間に合いません。「自分の苦しみがどこから来るのか」について今日のうちに知り、明日のうちにその対策方法を実行し、明後日から効果を実感する、これが彼女たちの求めていること、彼女たちは待てないのです。

では、ここからは私がファシリテーターをしている母子生活支援施設のＳＥＰの進行に沿ってお伝えします。

個別面談

ファシリテーターは事前にかならず参加希望者全員と個別面談を済ませます。面談ではひとり40～50分の時間をとって心理テストの実施、ＳＥＰの説明、入所に至った経過やＳＥＰでの目標について話し合います。

グループがうまく機能するかどうかはこの個別面談にかかっていると言っても過言ではありません。ここで双方が気持ちを通じ合わせておけるといい運営ができます。だからこそ、ここで嫌われてしまったらおしまい。個別面談は丁々発止、緊張の連続と言えます。

この時によく出る質問として、

「これグループなんですよね？　自分のことを話さないといけないんでしょうか」

と、いうものがあります。面談には来たけれど、自分の過去を人前でしゃべらされるならお断りだ、という思いが伝わります。そこで、

「いいえ、これは認知行動療法について学ぶグループです。それぞれのお話をじっくりとお聞きする時間はありませんので、ご安心ください」

そう答えるとホッとした顔をされます。つづけて、

「ただし、グループで学習を行うと、人の話も聞けるので学習量が倍増します。質問されたことに答えられる場合は答えてほしいし、答えたくなければ『パス』と言っていただいていいですよ」

とつけ加えます。そのうえで、

「ここに参加する人は皆、どこかで傷ついてきた人。こんなこと言ったら笑われるんじゃないかとか、バカにされるんじゃないかという心配はいりません。みんな一緒。暴力も受けてきたし、子どもにもイライラするし、仕事もうまくいかない。これからどうなるんだろうって不安だからみんな参加するんです。きっといい仲間になれると思いますよ」

と伝えます。そう聞くと、たいていの参加者は安心した顔で帰っていかれます。

パートナーからのＤＶで体もこころもボロボロ、子どもを連れて家を飛び出してからは周囲にこころを閉ざしてきた人も多い。それなのに一歩足を踏み出し、受講しようとする彼女たちの姿勢は素晴らしいと思います。時に涙を見せる彼女たちとの面談では、子どもを思う気持ちが伝わってきて、こちらの目頭も熱くなることがしょっちゅうです。

グループを安心の場にする

もともと対人関係スキルに苦手意識があって参加される人ばかりのグループですから、とりわけ初日の参加者（メンバー）は誰もが不安と緊張でいっぱいです。そこで冒頭でまず、彼女たちを不安と緊張から解放するために、それぞれがかかえている「心配」について説明しておきます。

・練習すれば話せるようになる

たいていのメンバーが「話すのは苦手」と言います。しかし、その心配の裏にあるのは意外と「ちゃんと話さないといけない」という生真面目な思い込みだったりします。そうしたあせりが苦手意識を強めているのです。そこで、「ここは話す練習をするところ」「うまく話さなくていい」「ゆっくりでいい」「話せば話すほどうまくなる」と強調しておきます。

・話したくないことは話さなくてもいい

個別面談のところにも書きましたが、彼女たちは「過去のことを正直に話さないといけない」と思い込んでいます。これまで人のいいなりになってきたことが多く、「自分が言いたくないことは言わなくていい」という割り切りが苦手です。言うべきことと言わないことを決める、これもスキルのひとつです。

・人の意見を否定しないこと

ＳＥＰはいろいろな意見や考え方があることを学ぶためにグループで行います。たとえ人が自分と違う意見であっても、「それもひとつの考え方」と理解する経験を重ねることで、自身がいかにこれまでひとつの考えに執着していたかを認識できます。

・ここで話されたことを外で人に話さない

グループが安心安全の場になるかどうかは「ここでの話を外部に持ち出さない」という約束が守れるかどうかにかかっています。冒頭で全員の了解をとっておきます。

こうした施設内でのグループ・プログラムには、関係者から決まって不安の声が上がります。ここで話されたことが外でうわさされたら、個人情報を漏らされたらトラブルになるのではと気をもむのです。ところが不思議なことに、これまでの経験ではそうした事態になったことがありません。学習が進むにつれ、参加メンバーは互いにうち解け、プログラムを楽しみにする人も出てきます。最終回では励まし合う姿もめずらしくありません。慎重さは大切ですが、グループのプラス面を信じてほしいと思います。

・休まないこと

参加しやすいプログラムをと、SEPは短期の5回と設定しています。しかし、そのため1回の中身が濃くなり、全回出席が参加の条件となります。とくに最初の2回はたくさんの知識を学ぶので、ここで欠席すると、次回のセッションについていくことが大変になります。実際は欠席は少なく、高い出席率を保っています。

心理学習

ここから心理学習に入ります。まず「3つのゆとり」について説明します。なぜこんなプログラムに参加することが重要なのかについて、参加メンバーにしっかり理解していただくところです。

「3つのゆとりとは、人が幸せになるための要素、『お金・こころ・人間関係』を指します。人が生きるためにはどれもが重要で、この3つは互いに影響しあっており、それぞれに『対人行動』が関係しています。そのため、対人行動が苦手なままだと、精神的にも、家族との関係もうまくいかず、仕事も思うようにならない。一生苦しい生活です」

ここでこんな説明をするのは、動機づけがあいまいなままだと、少しの事情で欠席したり、宿題の自習に手を抜いて効果が実感できないままに終わってしまいかねないからです。「こんなチャンスはもうない」「この学習で人生を変えるぞ」、くらいの意気込みを高めておいていただくために、冒頭から本質的な話をします。

お金の苦労、気苦労、家族との苦労と、これまで困難の連続だったシングルマザーたちにとってこの3つのゆとりの話は受け入れやすく、しっかりとうなずいてくれます。

苦手なソーシャルスキルを発見する

つづいて、ソーシャルスキルについて説明します。ソーシャルスキルは無限にありますが、次ページのリストは私がこれまでの経験から、ＳＥＰ用に参加者が苦手だと思われるスキルをピックアップしたものの一部です。

それぞれがどんなスキルかを説明しながら、自分が苦手だと思う項目にチェックを入れてもらいます。それが済むとその結果をひとりずつ読み上げます。

「えー、私は1番と7番、それと……」

ファシリテーターはその番号をホワイトボードに書いていきます。中にはチェックだらけでほとんどが苦手と手を挙げる人もいれば、

ソーシャルスキルリスト

苦手だと思うものに ☑ を入れてください。

❶ 感じのいいあいさつをする	あいさつスキル	□
❷ すすんで自己紹介をする	自己紹介スキル	□
❸ 会話を始める・つづける・終わる	会話スキル	□
❹ 相手の話をしっかり聞く	傾聴スキル	□
❺ 報告をする	報告スキル	□
❻ 適切に連絡する	連絡スキル	□
❼ 相談する	相談スキル	□
❽ マナーやルールを守る	規則遵守スキル	□
❾ お礼を言う・お礼をする	お礼スキル	□
❿ 指示を与える・従う	指示スキル	□
⓫ 怒りをおさえる	感情統制スキル	□
⓬ 質問をする	質問スキル	□
⓭ 断る・NOを言う	断りスキル	□
⓮ 計画をたてる	計画スキル	□
⓯ 謝る	謝罪スキル	□
⓰ 自分の意見を主張する	主張スキル	□

「う〜ん、相手によるなあ。他人にならできるけど、家族には無理……」とため息をつく人もいます。

家族にはソーシャルスキルを発揮できないのは、複雑な思いがあるからです。ここでソーシャルスキルは心理的な状態と深く結びついて、その高低は生育環境による影響が大きいこと、それが現在の対人関係のしんどさにつながっていること、不安や怖れなどの感情はソーシャルスキルの発揮を妨げることを解説します。こうした学習を通じて苦手なソーシャルスキルを実感し、同時に心理的な課題もたくさんあることを理解します。あなたも試しにチェックしてみてください。

修正のワーク①　「ラクになる考え方」を選ぶ

ＳＥＰでは、「認知」とは何か、そして「認知の歪み」と「自動思考」「認知モデル」などの心理学的な用語を学びます。難しそうだと思われるかもしれませんが、これまでにそれを理由にリタイアした人はいませんし、知識をつけていくことが力になります。

それらのくわしい解説は第３章に記したので割愛しますが、メンバーには日常生活の場面で遭遇しがちな事例をわかりやすく提示します。たとえばこんな具合です。

「駅にいると想像してください。いつもの電車に乗り損ねたとします。乗りたかった電車が、自分がホームに着いたとたんに出発したとします。悔しいですね。ああ、なんでもう少し早く家を出られなかったのか、とか、早く歩けなかったのはあの人のせいだとか、あそこでこうしていればああしていれば、としきりに後悔したり、イライラします。

でもよく考えてみると、その光景は、ただ電車が出ただけです。それを非常に悔しがるのは、『あの電車に乗りたかった』と強く考えるからなんです。どうしても乗りたかったと考えなければ、1本の電車が静かにホームを離れたという状況がそこにあるだけ。自身は『あ、出たか。まあいいや』と、次の電車を心穏やかに待てます。

つまり状況は同じでも、自分がどんな考えを持つかで、その時の感情はまったく違ったものになるわけです」

というように、誰もが経験する場面を用いて話します。他にも、

「LINEなどのSNSや携帯メールは問題が起こりやすいですね。友だちからの返事がなかなか返ってこない時、どう思いますか？」

こういう問いにはすぐに反応があります。

「あ、私、嫌われることしたかな」

「何か怒っているのかも」

たいてい悲観的、否定的な憶測ばかりです。そこで、

「そういう考えをするとどんな気持ちになりますか？」

と、たずねます。

「不安」

「心配でイライラする」

「家のことが手につかなくなる」

このような不快な感情は日常生活に影響します。たとえば、母親に愛されたという記憶がないと話すある女性は、相手に気を使い過ぎる傾向がありました。「ＬＩＮＥの返事はかならず自分の番で終わらないといけない」と思い込んでおり、携帯電話の対応に一日中振り回されてクタクタだと話してくれました。

そこで、メールの返信が来ない時、どう考えれば腹が立たないのか、平常心でいられるのか、のんびり待てるのかなどを全員に考えてもらいます。

「きっと忙しいのだろう」

「そのうち来る」

まずは楽観的に考えて待つ、という答えが返ってきます。では、事前に何かあって相手が自分に怒っている可能性がある場合はどう考えますか、と聞くと、

「それならそれでいい」

「勝手に怒っていろ」

と、達観する方法や居直ればいいという意見が挙がります。

次に、もしそのことで友だちが自分から離れたとしたら、という質問には、

「ひとり減るだけ」

「他にも友だちはいる」

と、別れに備える心づもりも出されます。

このように修正にはいろいろなパターンがあり、正解や不正解はありません。「こう考えたほうがラク」、という考え方を自分で探すことがポイントです。「どうしよう」という漠とした不安がつづくことは、精神的につらいものです。ここから脱するためには、自分がどんな考え方をしているから不安なのかをつきとめ、

「あ、そう考えていたから不安なんだ」

「では、こう考えればいい」

「外に出かけてしまおう」

など、何らかの結論を出す、あるいは何らかの備えをすることでその問題から少し距離を置く、これらを実行できるようになることが大事です。

「つらくなったら頓服薬（精神安定剤）を飲みます」

という人がいますが、それではいつまで経っても問題の解決法は身につきません。

この学習のあと、あるメンバーは、

「人生は自分でコントロールできるのですね。知らなかった」

と感想を漏らしました。それに対し私は、

「誰も教えてくれなかっただけ。知ればできるようになりますよ」

と、答えました。

認知のありようが私たちの心と体に強い影響を与えます。感情と認知の違いや、考え方を変えると感情と行動が変わるなど、基本的な知識を身につけさえすれば、誰もが感情に押し流されずに生きていけるのです。次ページは怒りや不安につながらない考え方を選ぶ練習問題です。ぜひやってみてください。

やってみよう認知の再構成

＊怒りを選ばない考え方

SEPの参加者になったつもりで、次のような状況のとき、どうすれば平常心（怒らない）でいられるのかを考えて、書き出してみましょう。

課題 1

（SNSやメールで）一日中待ったのに相手からの返事が届きません。

●怒りが出てくる考え方をしてみましょう

●そういう考え方をすると、どんな気持ちになりますか？

●どう考えれば気持ちがラクになりますか？

課題
2

商店街で人と肩が強くぶつかり、転んで膝を擦りむきました。

●怒りが出てくる考え方をしてみましょう

●そういう考え方をすると、どんな気持ちになりますか？

●どう考えれば気持ちがラクになりますか？

修正のワーク②　「これしかない」から「これもいい」へ

認知の歪みを持つ人には共通点があり、一般的には106〜107ページに掲載したような「代表的な認知の歪みと自動思考」という一覧表で示されています。その説明をひとつずつ聞き、自分に該当する場合はチェックをしていきます（読者の皆さんも、次ページのリストでチェックしてみてください）。

参加者の中には、「私、全部あてはまります」と泣きそうな顔を見せたり、逆に思い当たることばかりで、クスクス笑い出す人がいます。該当する箇所が多いほど、考え方に偏りが見られるのは事実ですが、認知にまったく歪みのない人はいませんし、自分に厳しい人ほどチェックが増えがちです。

とくに参加者に目立つ歪みが「白黒思考」や「べき思考」「自己関連づけ」です。人生はグレーゾーン、中庸が大事なのですが、白黒思考の強い人は、何事もどちらかに決めないといけないと強く信じています。子どもや他人に対しても、「どっちなの！」とイエスかノーの選択を迫り、はっきりさせるまで許しません。

「べき思考」が強い人も「こうすべき」「こうでないと」と決めつけるので、思うように

代表的な認知の歪みと自動思考チェックシート

自分の考え方に「当てはまる」と思うものに、チェック☑を入れてください。

❶「白か黒か」「いいか悪いか」など極端な決めつけをしがち	白黒思考	□
❷ささいなことも「すべて〜だ」「いつも〜だ」とオーバーにとらえる	過度の一般化	□
❸欠点や悪いことにばかり目が向きがち	心のフィルター 心のサングラス	□
❹いいことも、たいしたことないと否定したり無視してしまう	マイナス化思考	□
❺人に対して、「あいつはダメ」「こういう人間」など、すぐに結論づける	レッテル貼り	□
❻相手の言動や態度を悪くとらえたり、悪い予想をしてしまう	結論の飛躍	□
❼自分の欠点は大きく、長所は小さく考え、「自分はダメ」と思う	拡大視と 過小評価	□
❽理由よりも、「好きか嫌いか」など自分の感情をもとに判断しがち	感情的決めつけ	□
❾「女だから」「親だから」「〜すべき」「ねばならない」と決めがち	べき思考	□
❿何でも「自分のせい」「自分が悪い」と考えがち	自己関連づけ 自己中心思考	□

チェックは全部でいくつありましたか？　計　　個

ならないことがあると混乱したり、人にも同じ行動を求めますからしょっちゅうトラブルになります。自己関連づけも、何かあると自分の責任だと考えるので、いつも気分が落ち込んでいます。ここまで説明すると参加者は、

「それ、私や。何でも自分が悪いと思ってしまう」

「前のDV夫がこれ、白黒やった。『どっちやねん、はっきりせえ！』ってしょっちゅう殴られてた」

と、代表的な認知の歪みがあまりにも腑に落ちることばかりなので驚きます。そこで、

「これは全部、癖、パターンですよ。大きなストレスで認知が歪みます。皆さんはこれまでたくさん苦労があったから認知を歪めてそこに適応しようと頑張ってきたのです」

と伝え、「皆さんが悪いのではありません」とつけ加えて、修正に入ります。

母子生活支援施設でよく用いるものに、こんな想定シーンがあります。

「お母さんは仕事をしています。朝、保育園に間に合う時間に子どもと家を出ようと急いでいると、子どものパンツにウンチを見つけました。こんな時、お母さんはどう考えて平常心を保てばいいでしょうか？」

これは「平和モデル」といって、子どもを怒らないで済む言葉がけを考えるバージョン

です。メンバー全員それぞれに自分の考えを述べてもらいます。

「えー、ウンチが出てよかったね」

「家にいる時でよかった」

「健康な、いいウンチやね」

などなど、ウンチが出たことを喜ぶ、出た場所が自宅だったことを喜ぶ、ウンチの形状をほめるなど、ほめるポイントはさまざまです。


子どもを叱らない、子どもを責めない考え方のコツは、こうした「いいこと探し」に徹すること。どれも正解なのです。ＳＥＰはその目的を、自尊感情を高めて精神安定をはかることにおいているので、答えはひとつではありません。その人なりの考え方を尊重し、その人の気分が和らぐなら、その考え方が最適だと考えます。

ところで、母子の場面練習だから母親ならできて当たり前、ではありません。こうしたポジティブ・フィードバック（肯定的な返し方）が自然にできれば問題はないのですが、それが難しい方がいます。それは日頃、思い込みや決めつけが強く、ふだんの考え方を別の角度から検討してみるという経験がなかった人です。

そして、「正しさ」にこだわる人は率直に自分の考えを口に出せません。もしかするとこれまでに誰かからひとつの「正しさ」を押しつけられ、違った意見を言おうものなら激しく攻撃されるといった経験が多かったのかもしれません。

また、「子どもの失敗＝怒り」の図式が出来上がっている人は、粗相をする、イコール親への反抗ととらえ、叩く、怒鳴りつける、といった暴力的な対応以外、思いつきません。この場合も生育環境の影響が大きく、自身が自分の両親から同様の扱いを受けたために、「叩いていい」とどこかで思っているのです。受容的な子育ては、自分が経験していてこそ可能なのです。

そこで、感情にまかせて子どもを怒鳴りつける「爆発モデル」にならない考え方をみんなで考える時間を持ちます。こんな時こそ他のお母さんの意見は、とても助けになります。はじめは平和モデルをまったく思いつかず頭をかかえていたお母さんが、他のメンバーの修正を聞いて、「あ、そうか、そんなふうに考えたらいいのか。じゃあ……『ウンチ、出たなあ』」と、自分なりの言葉がけを思いつきます。これがグループ・プログラムならではの相互作用です。この修正は、まだまだ上級者の回答には及ばない、稚拙なものかもしれません。しかし、ささいなことでキレがちな、被害的な認知を持つ親が、「出たね」と、穏やかな言葉を選べた、それだけで大進歩なのです。

もうひとつ、よく使うのが喫茶店での出来事です。

「あなたは仕事で疲れて、喫茶店に入り、コーヒーを注文しました。やがてスタッフがコーヒーを運んできた時、置き方が悪くて、しずくがあなたの膝にかかりました」

そこで対応を考えます。爆発モデルならどんなセリフになるか、平和モデルならどんなセリフになるか、次に、それぞれの対応のメリット、デメリットを考えます。爆発すれば自分も疲れ、周囲も嫌な気分になります。平和に終えられれば、本人の評判も上がるでしょう。こうした日常の場面でも自らをコントロールできることを学びます。

人は歳をとれば大人になれるわけではなく、子どもを産めば親になれるわけではありません。当事者がこれまでの人生で獲得できなかった発達や成長の過程を見出し、その経験を積む機会を提供すること、それこそがＳＥＰという支援プログラムです。

こうして修正を学んだ日の終わりには、次回からの個別課題に備えて宿題を出します。日頃、自分が気になっている対人関係における課題を考えてくるというものです。たとえば、「人と目を合わせられない」「雑談ができない」「相談ができない」など、行動面について個々がかかえる悩みです。これは次回からの修正練習の材料になります。次ページに落ち込まない考え方の練習問題も掲載しました。挑戦してみてください。

やってみよう認知の再構成

＊落ち込まない考え方

ＳＥＰの参加者になったつもりで、次のような状況のとき、どうすれば平常心（感情がダウンしない）でいられるのか考えて、書き出してみましょう。

課題 1

お給料日の前日に、お財布を失くしてしまいました。

●感情がダウンする考え方をしてみましょう

●そういう考え方をすると、どんな気持ちになりますか？

●どう考えれば気持ちがラクになりますか？

課題
2

初めての資格試験に挑戦。最後の問題に解答を記入できませんでした。

●感情がダウンする考え方をしてみましょう

●そういう考え方をすると、どんな気持ちになりますか？

●どう考えれば気持ちがラクになりますか？

個別課題を修正してみる

心理学の基礎学習を終え、ここからは個別課題の修正に入ります。メンバーが宿題として考えてきた対人関係における課題はこのようなものでした。

何をしてもストレス解消にならない
罪悪感が強く自分を肯定できず、子どもにあたる
やるべきことが多いとすぐパニックになる
いろんなことに耐えられず大騒ぎしてしまう
ギリギリまでやるべきことに手をつけられない
自分がやりたくないことでも、自ら引き受けてしまう
働いてもつづかない
子どもに怒りが湧いてくる
自分が人の気分を害しているのではと心配で、会うことを避けてしまう
夕食のことを考えるとしんどくなる

何をやっても罪悪感しかない
実家に行くのがつらい

中には対人関係とは言えないものもありますが、実にさまざまな不便や苦労をかかえています。1ページにギッシリ書いてくる人もいます。なかなかやっかいなものばかりに見えますが、「こうした状況をつくりだしている本人が「自分の考え方の歪みが原因なんだ」、と気がつくだけで、かなり改善されてしまう場合もあります。そこで、どう修正することが最適か、ひとつずつグループ全員で考え、提案し合う作業に入ります。その例をご紹介します（ファシリテーターは著者です）。

自分を傷つける人と離れられない

参加者には、明らかに不適切だと思える関係性から離れられず問題を深刻にしてしまう人が少なくありません。密着し過ぎる対人関係は時に危険を伴いますが、ＤＶはその最たるものと言えます。

この日は、参加者から手を挙げました。

「ひとつ聞いていいですか？　ある人がいて、その人は私と話してる時、私の心を土足で踏みにじるようなことを言うんです。そのたびに私、気持ちがしんどくなって、自分のペースが崩れてしまうんです」

その人とはしょっちゅう会う間柄だと言います。そんな人とどうしてつきあうのかと聞いてみました。すると、

「仲良しやから。いいやつやから。でも、時々、暴力もふるうんです。そんな時、落ちた自分の気持ちをなかなか回復できなくて。その時間が無駄やなって思うんです」

いいやつという言葉と、人を傷つける行為がつながりません。他の参加者も一斉に首をかしげています。

「ソーシャルスキルをもう一度思い出してみましょう。自分が損をしないための技術でしたね。そうやってドンと落ち込むことは、あなたにとって明らかに『損』なのでは？」

一度はうなずいたものの、表情を曇らせてこんな質問を返してきます。

「でも……難しくないですか？　親しい人と距離置くのって」

場がシーンとして、誰かの小さなため息が聞こえました。彼女はここまで、つねに人に求められるままにつきあってきたのでしょう。彼女にとっては「つきあってくれる人」イ

コール「いい人」なのです。そこには彼女自身の意思や選択が感じられません。そこで、うまく離れるためにはどうしたらいいかをみんなで考えます。

「ＬＩＮＥ、消す」

「だんだん連絡とる間隔を空けていく」

「ごめん、もうムリ！　って言う」

それを聞いた本人がすぐさま反応します。

「う〜ん、もういらん、って頭でわかってても……。でも、離れたい気持ちもあるしな。う〜ん……どっちもできない」

ここは、ファシリテーターとしての突っ込みどころです。

「おや、『できない』って決めてしまってますね？」

この、「できない」というセリフはここではご法度なのです。指摘を受けた彼女が自分の口をふさいで「なるほど」とつぶやきました。さらに突っ込んだ投げかけをします。

「なぜ、『できるかも』と思えないのでしょうね。ここは何の練習をするところでしたか？　これから先もそういう『困った人』に捕まったら、一生逃れられないと思っていませんか？」

「思ってる」
迷いのない答えが返ってきました。ここは重要な局面です。すかさず攻め入ります。
「なぜですか？」
「…………」

相手のいいなりになってしまう

他の参加者が真剣な面もちでこのやりとりにじっと耳を澄ましています。離れなければいけないとわかっている相手のいいなりになりつづけ、自尊感情を深く傷つけられたおぼえがそれぞれにあるのかもしれません。

本人がここで何も答えられない、理由も根拠もないのにそうとしか思えないのは、そう考える癖がすでに習慣になっているためです。こうした決めつけや思い込みを発見して、新しい考え方、新しい行動を学ぶのがこのグループの目的ですから、ここでスルーするわけにはいきません。次はやさしく誘いかけます。

「もしかしたら変えられるかも、と考えるようにしてみませんか？」

するとこんな答えが返ってきました。

「でも、また新しい人が……」

この言葉は、彼女の無力感がいかに大きいかを表しています。それは次のような考え方に裏打ちされています。「この人と別れたって、どうせ自分にはまた支配者が現れて、また傷つけられるに違いない」。これは代表的な認知の歪みのひとつ、「先読みの誤り」です。こうした否定的予測が行動をあきらめさせ、動けなくしてしまうのです。人生が変わらないのは、こうした考えが原因だと早く気づいてもらう必要があります。

「そうですか。また別の人が近づいてくるのですね？　自分自身が望まなければ受け入れないこともできますね。いつも受け入れてしまうのはなぜでしょう？　やさしさ？　それとも自分が親しくしてあげないと、と思うからですか？」

その問いかけに、彼女は顔を上げました。

「……そういうわけじゃない」

そして頭をかかえ、気弱な声でこうつぶやきました。

「いや……そうなんやろか。あたしアホやからわからん。人が良過ぎるの？」

みんなが心配そうに彼女を見つめています。

いつも自分を傷つける相手とつきあいつづけるのはなぜなのか、これほどしっかりと考えさせられたことは初めてなのでしょう。彼女は机につっ伏してしまいました。

その時、周囲から遠慮がちにこんな声がかかりました。

「その人、もう、やめといたほうがええと思う」

「もっとええのがおるよ」

「いらん、って自分が言わなあかんのとちがう?」

「そや、NO言わんと。学校のイジメと同じやで」

アドバイスが聞こえたのか、ゆっくりと上体が起き上がります。髪をかき上げる彼女にこう聞いてみます。

「どうでしょう。今度は違う考え方ができそうですか?」

すると、意外や吹っ切れたような声が聞こえました。

「できます」

先ほどの表情とは明らかに違います。つづけて、

「もうなんべんも同じことしたらあかんし、子どももおるし」

そう言って、彼女はニコリと微笑みました。場の空気が一気にゆるんだようです。

「いいですね。では勇気が出る言葉をみんなで考えましょう」

そこから、認知の修正と、人と距離をとるための具体的なスキル練習に入ります。

「断ってもいい」

「ＮＯを言ってもいい」

「ごめん、ちょっと体調悪いから（と言って会うことをやめる）」

「（誘われたら）忙しいから、またね（と言って離れる。これをくり返す）」

男女にかかわらず、理不尽をどこまでも受け入れてしまう弱さから、相手につけ入られて借金を申し込まれたり、子どもを預けられっぱなしにされるなどトラブルが尽きない人がいます。

くり返されるＤＶ被害には共通点があるのです。自分自身が「育ちの傷」を持つ場合、暴力の対象になりやすい、暴力を受け入れやすいことを自覚し、同じ傷を持つ相手には近づかないと強く決心することが大切です。その気づきを提供できるのがＳＥＰなのです。

人が怖い

「人が苦手」「人が怖い」という当事者は少なくありません。生まれた時にはなかった感情でしょうから、これも過去の体験がもたらしたトラウマのひとつと考えられます。なぜ人を避けたいのか、怖いと思うのか、その感情のもとになっている考え方をつきとめる作業が大切です。

「私……人見知りがすごいんですよ」

参加者のひとりがおずおずと手を挙げました。

「こう見えても、慣れるまでに1年くらいかかる。無愛想で嫌なタイプになっちゃうんです。誰とも話さないし、透明人間になりたいくらい。感情で言うと『怖い』です、人が。人が大嫌いなんですよ」

その背景にどんな考え方があるのか聞いてみます。すると、

「また傷つけられるかも、です。私のエネルギーを吸い取られるみたいな、なんか、全部持っていかれるような」

ふだん明るくふるまっている彼女がこんなふうに人を感じているというのは意外でした。他の参加者の表情からも同様の思いが伝わってきます。かまわず彼女はつづけます。

「自分って対人恐怖症なのかなって。人が来たら痛い目に遭わされる環境にいたから」

学習が進んでいるためか、これは過去の体験、環境が原因だと彼女ははっきり口にしました。そこで、これを軽減する考えを探るべくこう声をかけました。

「はい、ありがとうございます。状況は共有できましたね。彼女は人に痛い目に遭わされる環境にいたと言いました。だから、どういう考えを持っているから怖いのか、わかる人？」

ひとりの手が挙がります。

「また誰かにひどい目に遭わされる」

行動の背景にある認知を早く捕まえることができるようになっています。

「そうですね。では、修正を考えていきましょう。『またひどい目に遭わされるのではないか』という認知を持っているために、結果として『人見知りになる』『人を避ける』『警戒心まるだしになる』のですね？　では、どう考えればこの気持ちをラクにすることができるでしょう」

この修正はちょっと難しいのか、場がシーンとしてしまいました。誰も発言しないので、質問のしかたを変えることにします。

「わかりにくい時は、第三者を登場させてみるといいですよ。自分じゃない誰か、たとえば皆さん、お子さんいますね。ジェットコースターに乗る時、子どもが怖い怖いと嫌がっているとします。どんな考えがあるから怖いのだと思いますか？」

「落ちるかも」

「落ちたら死ぬ」

すぐに答えが出てきます。そこで、子どもを安心させたい時、どんな言葉をかけますかと働きかけてみます。

「大丈夫。落ちないよ」

「お母さんも一緒に乗るわ」

恐怖を感じるのは何らかの否定的な予測があるため。そこで、その予測が現実的でないと理解したり、何か安心する材料があることで恐怖感は低減します。

ここでもとの課題に立ち返り、どう考えることで人への恐怖を克服できるか、全員に投げかけます。今度はぽつりぽつりと意見が出ました。

「あんなやつ関係ない、とか」

「流す、はどうですか?」

「負けへん、というのは?」

それらをホワイトボードに書き、本人に示しながらたずねます。

「いくつか提案がありましたね。これはいい、と思う考え方がありました?」

すると、すぐに反応が返ってきました。

「『負けない』がいい。ポジティブで」

この時、彼女のこころをとらえたのは、この「負けない」という言葉でした。ここから、彼女はこれまで「自分は弱い」というイメージを強く抱きつづけていたことがわかります。

「負けない」なんて、ずいぶん凡庸で陳腐な表現だと思う人がいるかもしれません。しかし、理不尽な環境にずっと耐えてきた人々が「現実に抵抗していい」「イヤだと主張していい」と思えるようになるのは大変なことなのです。

この「負けない」という言葉は、「もし戦いを挑まれたとしても五分五分くらいには持ち込める」という自分自身への期待があり、そして、再び恐怖が襲ってきても、「今の私は前の私とは違う」「今は相談する相手もいる」という現実を思い出させて勇気がでます。その流れが、「何も自分ばかりが気を使う必要はない」「むやみに怖がらなくてもいい」「言いたいことがあれば言っていい」という積極的な考えにたどり着かせるのです。

「育ちの傷」を持つ人は成人になっていてもふとした瞬間に人に怯えるような表情やしぐさを見せることがあります。これまで人から攻撃されることが多かったからでしょう。最初は時間がかかりますが、自分を安心させる言葉を探すクセをつけることでだんだんコツがつかめてきます。修正作業を習慣化することができればしめたもの。否定的な考えによって困難な状況に再びおちいる確率は、修正作業に費やした時間の長さの分だけ確実に下がるでしょう。

個別課題の修正についてはご理解いただけたでしょうか。修正作業はまだつづきますが、次ページに自主ワークのためのシートをつけましたので、読者の皆さんも取り組んでみてください。

自分が嫌い

SEPの参加メンバーが最も苦手とする課題に「自分をほめる」があります。

最終日、ある参加者がこう発言しました。

「私、これまではどちらかというとポジティブシンキングでやってきたつもりでした。でも、今日まで皆さんの話を聞いてるうちに、実は私はネガティブな人間やったのかもって、わからなくなってきたんです」

面白い気づきでした。彼女は「超」がつくほどの苦労人。自分がネガティブ思考だった

やってみよう個別課題の修正

＊緊張や不安を下げる考え方

あなた自身が感じている課題を書き出してみましょう。もしくは、176〜177ページに掲載した参加者の課題（悩み）の中から選び出しても構いません。

●課題は何ですか？（例：自分から自己紹介するのが苦手）

●〈認知の特定〉どんな考え方がそういう課題を生むと思いますか？（例：うまく言えず、笑われるのでは）

●この課題を解決するには、どう考えると気分がラクになり、行動もできるでしょうか？（例：下手でもあいさつしないよりはいい）

からこそ、つねにポジティブに考えるようにしていたのでは、という発見です。こうして「こころの勉強」を重ねるうちに、これまで見えなかった自分が見えたり、自分の本音に気づくことが増えてきます。

ファシリテーターはその意見にうなずいたうえで、こう言いました。

「皆さんの子ども時代、これまでの苦労を思うと、超ネガティブ人間としてヤケになっていたとしても不思議じゃありません。なのにこんなに頑張って努力している。そこをまず認めることが大切ですね。今日はしっかりほめ合いましょう」

これを聞いたとたん、メンバーたちの顔が曇ります。理由はわかっています。自分をほめることがイヤなのです。さらに声がけします。

「自分をほめる言葉は何がいいですか？　どんな言葉が一番ホッとします？　お母さんにこんなこと言ってほしかったとか、こうしてほしかった、という思いを込めて」

シンとする部屋で、小さく手を挙げている参加者がいます。

「あの……言葉っていうより、母にしてもらいたかったことはあります。母親はずっと心の病気で、逆に私が頼られてて、家事とかも私がやるのが当たり前になっていて。だから、言われたいのは、頑張りを認めてくれる言葉です」

彼女の母親は重い精神疾患でした。小さな時から彼女は家事一切を任され、母親が他界してからは施設で暮らした彼女に、母親から言われたかった言葉を聞いてみました。

「よう頑張ってるな、です……」

そう言い終わったとたん、彼女は持っていたタオルで顔を覆ってしまいました。

ある参加者の反応は次のようなものでした。

「思い浮かばない！」

つづけざまに沈痛な面もちでこう言い捨てます。

「ほめられたことはない!!」

赤い顔、激しい剣幕。腹の底に沈殿させてきた親への怒りを掻き回された気分かもしれません。しかし、怒りが出るということは、そこに何かしらのツボがある証拠。なおも彼女に語りかけます。

「ない？　では、こんなふうに言われたかった、でもいいですよ。あなたの一番いいところは？」

それを聞いたとたん、彼女はガックリと肩を落として椅子の背にもたれこみました。

「うーん……私は出来が悪かったから……」

「出来が悪いって、学校の成績のこと？　では勉強以外で探しましょう。さあ、まずは自分のいいところをひとつだけ挙げてみてください」

彼女はしばらく腕組みをして考え込んだかと思うと、

「えー、……頑張ってる」

それだけ言い終わると、口を真一文字に結び、テキストに目を落としました。

次の参加者もこんな反応でした。

「私は、まったくないですね、言われたこと」

きっぱりとした物言い。ファシリテーターへの挑戦的な態度です。

「ない？　では、自分で自分をほめる言葉を考えてください」

そう言われて、彼女はムッと押し黙ってしまいました。ファシリテーターは同じ言葉をくり返して辛抱強く待ちます。何分か経過した頃、彼女も重い口を開きました。

「一生懸命、やれてる……」

沈黙の時間、考えていたのです。次の参加者はこうでした。

「何やったっけなぁー」

とぼけた声で天井を仰ぐ彼女に、容赦なく突っ込みを入れます。

「遠い昔だから忘れましたか？」

「いやー……、ほめられないで育っちゃってるからね！」

おどけた態度で、周囲を見回し、笑いを誘う彼女。それを意に介さず、質問を続けます。

「そうですか。では何がいいかしら？　どんな言葉を選びますか？」

今日は何がなんでも自分をほめてもらう、そんなファシリテーターのひるまない態度に、彼女は、すぐに弱音を吐き始めました。

「全然ダメです。対人関係が悪過ぎて。母親にも父親にも、いいことしたってほめられたことがないから。どれがいいことなのかもわかってない」

抵抗しつづける彼女を皆が黙って見守っています。やがて観念したのか、彼女はポツリとこうつぶやきました。

「……でも、今、人から言われてうれしいのは、『ようやってるね』かな」

無理やり自分をほめてみる

最後まで残っていたひとりは、「一生懸命やってるね」という言葉を選びました。これで5人。自分をほめる言葉を彼女たち全員が口にするまで何十分かかったことか。これが彼女たちの心の在りようなのです。

さらに効果を出すため、ハードルを上げます。

「はい、けっこうです。さて皆さん、私が今日お勧めするのは、この言葉の前に自分の名前をつけることです」

そのとたん、全員が「あー」とか「えー」と声を上げます。これは想定内でした。

「照れてますか？　はい、下の名前は？」

「かおり」

「じゃ、『かおりちゃん、よく頑張ってるね』って言いましょう。あなたは？」

「まみ」

「じゃ、『まみちゃん、よく頑張ったなぁ』。はい、皆さんも全員ですよ」

たまらず、ひとりが泣きそうな声で救いを求めます。

「せんせー、子どもにやったら言えるけど、自分には言われへん……」

すがるように見つめる瞳。それを退けるようにファシリテーターが声を張り上げます。

「はい、今日がスタートですよ！　皆さんはこれが言えるように毎日練習します。さあ、こっちの列から行きます、ひとりずつ、『まみちゃん、よく頑張った』、はい！」

いきなり指名されてたじろぐ参加者。

「えー、自分を『まみちゃん』って呼ぶんですか？　んー……まみちゃん、よく頑張った……」

消え入るような声が聞こえました。

「はい、よくできました。皆さん拍手。では次、『かおりちゃん』から順番に」

「かおりちゃん、頑張ってる」（拍手）

「ゆきちゃん、ようやってる」（拍手）

「しのちゃん、一生懸命やってる！」（拍手）

「きよみちゃん、一生懸命やってる！」（拍手）

全員ひとまわりしました。バツの悪そうな顔で互いに視線を交わす参加者たち。初めて自分を自分でほめた感想を聞いてみます。

「……恥ずかしい」

誰かがつぶやきました。ファシリテーターは声の方向にニッコリと微笑み、たずねます。

「恥ずかしいだけですか?」

彼女が頬を赤らめました。

「……恥ずかしいけど……あたし、頑張ってるんやって、ちょっとだけ思えた」


「育ちの傷」をかかえる人で、すすんで自分をほめる人を見たことがありません。ほめられた経験がほとんどないことがわかります。そんな生き方をしてきた人が、大人になってから自分をほめる言葉を口にすることのハードルは相当高いと言えます。

SEPの中で、それを「言わせる」作業はかなり強引に見えるでしょうが、こうした機会でしかやれない作業だからです。認知修正を含め、「これまでのやり方(考え方)を変えること」は、誰しも抵抗や躊躇があり、ひとりではやれないことです。半ば強制的にでも励まして、背中を押して、一度でも口にしてもらえたら宿題として定着作業に持ち込みます。これも参加者の様子を見ながら、やれると判断できれば行うようにします。最後までできないグループもあります。

どうしても言うのがイヤだと拒む人には、「書く」という宿題を出します。ある20代の女性は、自分をほめる言葉を言うように指示されても、ひとつも口にできませんでした。

それどころか、「自分なんか大嫌い」「自分はクズ、ゴミ、醜い」」、だから鏡を見ることができない、の一点張り。実際のご本人は、見た目にまったく問題はありません。

これまでリストカットや自殺未遂をくり返した経緯があり、精神科医からは統合失調症と診断を受けていましたが、私の目にはそうはうつりませんでした。彼女は病気ではない、間違いなく、「自尊感情の欠如」だと確信してお引き受けしたのです。

そこで、あらかじめお渡しした紙に、毎日、自分をほめる言葉をびっしりと書いてくるよう指示しました。彼女は毎晩、泣きながらこれを書いたそうです。この方法で彼女はなんとか自尊感情を回復させ、無事に社会復帰できました。病気ではなかったのです。

修正のワーク③　新しい認知の定着

認知を再構成するという方法は、お説教や気休めではなく、すでに実証された科学的な方法です。しかし、巷からよく聞こえてくるのは、こんな声です。

「ポジティブな考え方をしたらいいとはわかっているが、気がついたらすぐまたネガティブな思考に……」

「考え方を変える」とひと言で言いますが、思いついた時だけ修正する方法では効果は出ません。私はよく掛け算の九九にたとえますが、生活の中で定期的にくり返し反復練習することなしに新しい考えが身につくことはないのです。これを習慣にすることができれば、歪みを生み出すもとであるスキーマそのものが変化し、意識せずともポジティブ思考がその人の「当たり前」となります。この一連の作業を心理学習とともに組み込んで、パッケージ化したものがSEPです。

そのために、SEPでは定着作業をかならず毎回の宿題とします。自分でしっかり「管理」する習慣をつけるところまでサポートして初めて回復プログラムと言えます。新しい認知が身につくよう個人で実行する定着作業は、いわば服薬管理と似たところがあります。服薬も毎日、定められた時間と回数と量を守ることが必要なように、定着作業も自分で決めたルールに従って実行する必要があるのです。

回数と量は原則各自で決めます。SEPに参加したメンバーは、朝・昼・晩、寝る前と一日4回をノルマとする人が多いのですが、あまり少ないと、これまでの否定的な考え方からなかなか抜け出せません。

方法も各自が決めます。多くは紙に書いて洗面所やトイレに貼り、何度も目で見る、口でつぶやく、録音して耳から聴く、書くなど、五感を活用したさまざまな方法を駆使して、新しい考え方を脳に刷り込んでいきます。

一日何百回も「新しい心のつぶやき」の定着作業を実行すると、その反芻《はんすう》作業によって脳の中の認知をつかさどる部分が少しずつ影響を受け、これまでの悲観的な認知に代わり新しい考え方を起生するというメカニズムが出来上がります。

定着がうまくいかない時に想定される理由としては、「言いづらい」「おぼえにくい」がありまます。修正した言葉は、自分が言いやすい「セリフ」にアレンジしてかまいません。このほうが言いやすいなとか、こっちの言い方のほうが自分に合うと思ったら、自主的に変えてもらってけっこうです。また、今の自分には「強過ぎる」「ハードルが高過ぎる」、と感じる場合も若干弱めに言い方を変えます。たとえば、「私は可愛い」が言いにくければ、「私は可愛いかもしれない」など断定をゆるめることで、言いやすくなります。

一方、「自分を正す」修正や、「自分を責める」修正は定着が進みません。たとえば自分の言葉や態度が相手を怒らせる、という課題の場合に、「自分の言い方が悪いから」と問題をとらえ、「もっと言い方に気をつけよう」など自省の修正をする場合がこれに当たります。これでは定着作業が反省の場となってしまい、むしろストレスになります。こんな時はむしろ、「怒るのは彼自身の問題」「人の機嫌を気にする必要はない」など、自分のせいではないことを確認するような単純な「押し返し」が効果的です。

いずれにしても、「それが正しいかどうか」ではなく、本人の「気分がよくなる」修正をくり返して定着させることがコツです。そうでなければやる気が起きないために定着は失敗します。

修正そのものがうまくいっていれば、ほとんどの人が宿題として出された生活場面での定着作業を実行してきます。その結果、何らかの効果を実感し始めたという発言を聞くことができます。約束した回数に加えて、「気分が大きくダウンしそうだな、と思ったらすぐに安心できる言葉をつぶやく」という、「修正の頓服利用」をする人もいます。

こうして問題のある思考が減っていくにつれて、気分が明るい日が増えます。すると、次第に対人関係が苦痛でなくなるため、仕事場でも家庭でもトラブルが減ります。その結果、生活も安定し、経済面も上向きます。この流れがＳＥＰの冒頭にお伝えする「３つのゆとり」の相互作用であり、ダイナミズムといえます。

修正作業は、基本的には何年も、何十年でも、あるいは一生続けることをお勧めしています。少しでも機嫌よく生きるため、私は今でもつづけています。どうか、みなさんにも続けていただきたいです。次ページに練習用のシートを載せました。

やってみよう定着作業

＊自分のいいところを認める

自分をほめる言葉やフレーズを、できるだけたくさん書き出してみましょう。本書の中から抜き書きしても構いません。

●ほめ言葉

●そのほめ言葉の前に自分の名前をつけて、自分自身をほめてみましょう。

●このほめ言葉を一日何回つぶやくことで、明るい気分を定着できますか？

過去の自分と闘う

最後に、「抵抗」についてお話しします。

修正した言葉を何度もつぶやく作業は、自己暗示、自己教示とも言えますが、過去の体験で人から傷つけられた言葉や思いは、人の心の深くに刻み込まれています。くり返しくり返し私たちの気持ちを萎えさせ、否定的な感情を生起させます。それは理性も合理性も吹っ飛ぶほどの強固さで人を操り、ちょっとやそっとで消えてなくなるものではありません。そのため、これをやっつけたい、脳を上書きしたいと思ったら、こちらも相当しつこくやらないといけないわけです。

しかし、定着作業を約束して、さあ始めようとした時、単なる怠惰とは違う、何か得体のしれない「抵抗」が待ち受けていることがあります。本人の自尊感情の低さゆえに、完璧主義や自己否定が強く、修正作業に取り組む意欲が湧かないなどでなかなか実行に至れない場合もありますが、それとは違う強烈な邪魔が入ることがあるのです。

「これまでの考え方が本当だ」「これが私なんだからしかたない」と強く思いつづけてきた人が、これまでと異なる考えを持とうとすると、「そうはさせまい」というある種の防衛が始まるのです。修正した言葉はこれまでの自分の中にはなかった「質」であるために、それを受けつけない、受け入れたくないともがく自分との対決の始まりです。「修正した言葉を定着させなくては」と頑張る自分がいる一方、「嘘つけ、お前にはどうせ無理だ」「お前なんか頑張ってもダメに決まってる」など、修正をさせまいと邪魔する力が自分の中に巣食い、その抵抗の強さに圧倒されて作業が進まなくなります。これが人の声に聴こえて、幻聴だと思う人もいます。

修正を始めたことで明らかな体調不良に見舞われる人もいます。これについては第1章で実例を挙げましたが、寝床から起きられなくなるほど調子を崩したと聞くと、人の心と体の結びつきの強さに改めて驚かされます。

しかし、ここは踏ん張り時。抵抗勢力が現れるということは効果が出てきた証拠といえます。新しいフレーズを、はじめは「そうだ」と思えなくても、強い意志を持って機械的にでも「刷り込みつづける」ことによってのみ変化は訪れます。定着するまでにかかる時間には個人差がありますが、なおも継続して修正をつづければ、古い考え方は弱りはじめ、体も回復します。その後は、心身ともに健康を取り戻すでしょう。

ＳＥＰを受けていたある女性がこう言いました。

「ＳＥＰって、柔道みたいですね。古い自分がモンスターみたいに強くって、新しい自分が挑むんだけど、何度も何度も倒される感じ。だから、なんとかこのモンスターをやっつけないと、と思いながら認知修正をやっています」

つらい記憶、どこかで身につけた悲しい考え方に抗い、自分に勇気や安心を与える考え方を選べるようになるということは、過去の自分と未来の自分の「全身全霊の闘い」とも言えます。やりつづけていただくほかはありません。

この、ひとりで悶々とつづける定着作業こそまさに、人間としての「尊厳を取り戻す闘い」であり、「負の連鎖を断ち切る闘い」なのです。

あとがき

「先生、ごめん!!」

その朝、通所してきたばかりの訓練生は入り口で声を張り上げました。

「うち、またやってしもた。子どもに、『はよ死んでくれ!』って突き飛ばしてしもた……!」

彼女はシングルマザー。血の気のない顔で肩をいからせ、握りしめたこぶしを小さく震わせています。まだ興奮が収まらないのか、言葉がとまる気配はありません。

「もう絶対に言うたらあかん、って先生になんべんも言われてたのに! うち、親から『死んでくれ』ばっかり言われてたから……!」

これは彼女の1年前の姿です。養育困難により子どもを児童相談所に一時保護されそうになり、助けを求めてやって来ました。

私が代表を務める一般社団法人WANA《ワナ》関西（「We Are Not Alone わたしたちはひとりじゃない」の頭文字）は21年前、女性の個人事業者によるNPOとして誕生しました。2015年4月から大阪市内で障害福祉サービスの事業所であるMaluhia《マルヒア》（「平穏・平和」を表すハワイ語）を営み、おもに知的障害や精神的な課題をかかえた人々が通所し、さまざまな訓練を通して、就労に向かう体と心をつくる自立訓練（生活訓練）をする場所となっています。

訓練生はDVや児童虐待など、家族から傷つけられた経験のある人が約9割を占めます。支援の成否は彼らの自尊感情をいかに回復させ、意欲を高めるかにかかっていると言っても過言ではありません。彼らは自分たちの苦しさを周囲に理解されず、ここにたどり着くまでにいろいろな支援を求めてさまよってきた人たちです。

先ほどの訓練生もそのひとりです。アセスメントの結果、彼女自身に虐待的養育を受けた経験があり、2人の子どもをどう育ててよいのかわからなかったこと、そして自身に発達障害があることもわかってきました。これでは育児が混乱するはずです。

約1年の通所を経過した今、彼女の口から初めて「子どもが生まれてきたことを感謝できるようになった」という言葉を聞くことができました。同時に、ひどく登校を嫌がっていた息子さんが再び小学校に通い始めたのです。

子どもの幸せのためには養育者支援が最優先、私はそう考えています。しかし、これはまだまだ社会に理解されていない点です。その要因のひとつに、教育・福祉を含めた子育て行政の関係機関で働く人々の多くに、いわゆる社会的弱者に対する援助の基礎的な知識が不足していること、それを補う研修制度が十分でないことがあると思います。

そのため、世間にまかり通っている心理的支援をめぐる動向にはたくさんの不思議があります。効果も不明な高額なプログラムを海外から多額の税金を使って輸入する自治体や、修正した認知をしっかり定着させる仕組みのない認知行動療法に何ら疑問を持たない専門家や治療者たち。こうした現状も、現場との乖離から起こっていると言わざるを得ません。

それでも、一定の層の中には回復できる人もいるかもしれません。しかし、私たちがまずターゲットにすべきは、リスクの高い、つまり生活と気持ちに余裕がない、さらには学習も内省も苦手な親たちなのです。そのため、「はやくて、安くて、シンプルな」、実施しやすいプログラムがどうしても必要でした。その結果生まれたのがＳＥＰであり、その確信を与えてくれたのはこれまでＳＥＰに参加した人々に他なりません。

プログラムの担い手を養成する「SEP実践者養成研修」も行っています。こちらは今年ではや10年となりました。これまで北海道から沖縄まで、日本各地から多くの対人援助者が学びにやって来てくれました。とりわけ、年を追うごとに行政や、学校教員の参加が増えつつあることは私にとって大きな喜びです。

適切な支援さえあれば分離する必要のないたくさんの親子が、それを受けられないために引き裂かれていること、それが子どもの心に新たなトラウマを形成することは、さらなる負の連鎖と言えないでしょうか。当事者発信のSEPがこうした状況に一石を投じ、「育ちの傷」によって当たり前の幸せを奪われてしまう親と子がひとりもいなくなるその日が来ることを願って、これからも前へ進みたいと思います。

2016年10月27日　阿倍野区の自宅にて

藤木　美奈子

主要参考資料

内閣府

『男女間における暴力に関する調査報告書』（2015年）

厚生労働省

『児童虐待の定義と現状』
http://www.mhlw.go.jp/stf/seisakunitsuite/bunya/kodomo/kodomo_kosodate/dv/about.html

『平成27年度　児童相談所での児童虐待相談対応件数（速報値）』（2015年）
http://www.mhlw.go.jp/stf/houdou/0000132381.html

『子ども虐待による死亡事例等の検証結果（第11次報告の概要）及び児童相談所での児童虐待相談対応件数等』（2014年）
http://www.mhlw.go.jp/stf/houdou/0000099975.html

東京都

『児童虐待の実態II－輝かせよう子どもの未来、
　育てよう地域のネットワーク－』（2005年）
http://www.fukushihoken.metro.tokyo.jp/jicen/gyakutai/gyakutai.files/hakusho2.pdf

犬塚峰子

『子ども虐待と家族支援』（日本精神衛生会）
http://www.jamh.gr.jp/kokoro/series2/series3-8-4.html

友田明美

『いやされない傷　児童虐待と傷ついていく脳』（診断と治療社，2006年）

全国母子生活支援施設協議会

『全国母子生活支援施設実態調査報告書』（2015年）

World Health Organization（WHO）

『エビデンスに基づく子ども虐待の発生予防と防止介入――その実践とさらなるエビデンスの創出に向けて』
（小林美智子監修／トニー・ケーン編，明石書店，2011年）

回答例

やってみよう認知の再構成

＊怒りを選ばない考え方　166ページ

SEPの参加者になったつもりで、次のような状況のとき、どうすれば平常心（怒らない）でいられるのかを考えて、書き出してみましょう。

課題1

（SNSやメールで）一日中待ったのに相手からの返事が届きません。

●怒りが出てくる考え方をしてみましょう

嫌われたのでは。わざと返事を送らないのでは。自分が何かしたのかも。

●そういう考え方をすると、どんな気持ちになりますか？

悲しい。腹が立つ。不安で何も手につかなくなる。

●どう考えれば気持ちがラクになりますか？

忙しいのだろう。そのうち届くだろう。嫌われてもいいや。他にも友だちはいる。

課題 2

商店街で人と肩が強くぶつかり、転んで膝を擦りむきました。

●怒りが出てくる考え方をしてみましょう

何をボケッとしてるんだ！　ボヤボヤするな！　気をつけろ！　わざとやったのか！

●そういう考え方をすると、どんな気持ちになりますか？

ムカムカ、イライラする。腹立たしい。キレそうになる。

●どう考えれば気持ちがラクになりますか？

気づかなかったのでは。相手も痛かっただろう。これくらいで済んでよかった。

回答例

やってみよう認知の再構成

＊落ち込まない考え方 174ページ

SEPの参加者になったつもりで、次のような状況のとき、どうすれば平常心（感情がダウンしない）でいられるのか考えて、書き出してみましょう。

課題 1

お給料日の前日に、お財布を失くしてしまいました。

●**感情がダウンする考え方をしてみましょう**

なんてマヌケなんだ、いつもいつもダメなヤツだな！ またか、最低だ！

●**そういう考え方をすると、どんな気持ちになりますか？**

自己嫌悪。自分を責める気持ち。悔しい。情けない。

●**どう考えれば気持ちがラクになりますか？**

給料日前でよかった。ツイてる、ほとんどお金が入ってなかった。明日はお金が入る。また働けばいい。

課題 2

初めての資格試験に挑戦。最後の問題に解答を記入できませんでした。

●感情がダウンする考え方をしてみましょう

またか、失敗ばかりの人生だ。もっと時間配分しろ！　なんて無能なんだ、お前は！

●そういう考え方をすると、どんな気持ちになりますか？

つらい。自分の情けなさに腹が立つ。恥ずかしい。消えてなくなりたい。

●どう考えれば気持ちがラクになりますか？

試験を受けるなんてえらい。よくやった。ほぼ書けた。書けなかったのはひとつだけだ。

回答例

やってみよう個別課題の修正

＊緊張や不安を下げる考え方 189ページ

あなた自身が感じている課題を書き出してみましょう。もしくは、176～177ページに掲載した参加者の課題（悩み）の中から選び出しても構いません。

●課題は何ですか?（例：自分から自己紹介するのが苦手）

人から何か声をかけられると、とても緊張して体が固まる。

●〈認知の特定〉どんな考え方がそういう課題を生むと思いますか?

（例：うまく言えず、笑われるのでは）

また何か自分が失敗したのでは。責められるのでは。怒られるのでは。

●この課題を解決するには、どう考えると気分がラクになり、行動もできるでしょうか?（例：下手でもあいさつしないよりはいい）

責められるとは限らない。注意されたら明るく謝ればいいだけ。怒るのは相手の性格の問題だ。

やってみよう定着作業

＊自分のいいところを認める　201ページ

自分をほめる言葉やフレーズを、できるだけたくさん書き出してみましょう。本書の中から抜き書きしても構いません。

●ほめ言葉

いつもよくやっている。頑張ってる。人にやさしいね。真面目だね。素敵だよ。

●そのほめ言葉の前に自分の名前をつけて、自分自身をほめてみましょう。

〇〇ちゃん、いつもよくやってるね、大好きだよ。ありがとう。

●このほめ言葉を一日何回つぶやくことで、明るい気分を定着できますか？

朝（目が覚めたとき）、昼（ご飯を食べる前）、夜（お風呂に入ってるとき）、寝る前（布団に入ったとき）に各25回、計100回つぶやきます。

｜著　者｜藤木 美奈子
大阪市生まれ。一般社団法人WANA関西代表理事、元龍谷大学准教授。貧困家庭に生まれ、虐待やパートナーからのDVを経験する。女子刑務所刑務官、会社経営などを経て、2008年に大阪市立大学大学院で博士号（創造都市）を取得。現在は家族暴力の当事者を支援する独自の自尊感情回復プログラム「SEP」を、WANA関西（1995年創立）、児童相談所、福祉施設などで展開。さらに全国で講演や研修活動を行い、その支援活動歴は20年におよぶ。自らの被虐待体験を綴った『傷つけ合う家族　ドメスティック・バイオレンスを乗り越えて』（講談社文庫）など、著作多数。

親《おや》に壊《こわ》された心《こころ》の治《なお》し方《かた》
「育《そだ》ちの傷《きず》」を癒《い》やす方法《ほうほう》がわかる本《ほん》　　こころライブラリー

2017年 1月 23日　第1刷発行
2018年 8月 24日　第3刷発行

著　者　藤木《ふじき》 美奈子《みなこ》
発行者　渡瀬昌彦
発行所　株式会社講談社
東京都文京区音羽二丁目 12－21　郵便番号 112－8001
電話番号　編集　03－5395－3560
販売　03－5395－4415
業務　03－5395－3615

印刷所　慶昌堂印刷株式会社
製本所　株式会社若林製本工場

ISBN978-4-06-259718-0
N. D. C. 367　215p　19cm